JN304164

インディアスの破壊についての

簡潔な報告

ラス・カサス著
染田秀藤訳

岩波書店

BREVÍSIMA RELACIÓN DE LA DESTRUCCIÓN DE LAS INDIAS

1552

Bartolomé de las Casas

凡　例

一、本書はスペイン人ドミニコ会士バルトロメー・デ・ラス・カサス（Fr. Bartolomé de Las Casas, 1484-1566）の *Brevísima Relación de la Destrucción de las Indias* (Sevilla, 1552) と題される論策の全訳である。

二、底本には、*Tratados de Fray Bartolomé de las Casas*. I, Prólogo de Lewis Hanke y Manuel Giménez Fernández, transcripción de Juan Pérez de Tudela Bueso y traducciones de Agustín Millares Carlo y Rafael Moreno, Fondo de Cultura Económica, México, 1965. pp.3-199. を用いた。訳業を進めるにあたり、底本以外に、以下に掲げる諸版本を参考にした。

（スペイン語版）

Brevíssima Relación de la Destrucción de Indias. Introducción y notas de Manuel Ballesteros Gaibrois, Fundación Universitaria Española, Alcalá, 1977.（復刻版）

Brevísima Relación de la Destrucción de las Indias. Edición de André Saint-Lu, Ed. Cátedra, Madrid, 1982.

Brevísima relación de la destrucción de las Indias. SARPE, Madrid, 1985.

Brevíssima Relación de la Destruyción de las Indias. Con los grabados originales de la edición latina de Jean Théodore y Jean Israël de Bry. Francfurt, 1598. Edición de Andrés Moreno Mengíbar. Editorial A. Er Revista de Filosofía e Istituto Italiano per gli Studi Filosofici, Sevilla y Nápoles, 1991.

Brevísima Relación de la Destrucción de las Indias. Edición de Ramón Hernández, O. P., en *Fray Bartolomé de Las Casas. Obras Completas*, T.10, pp.31–88, Ed. Alianza, Madrid, 1992.

Brevísima relación de la destruición de las Indias. Edición de Isacio Pérez Fernández, Editorial Tecnos, Madrid, 1992.

Brevísima relación de la destrucción de las Indias. Edición de José María Reyes Cano, Ed. Planeta, Barcelona, 1994.

Brevísima Relación de la Destruición de las Indias. Primera edición crítica, estudio crítico preliminar y edición ... por Isacio Pérez Fernández, O.P., Centro de Estudios de los Dominicos del Caribe（CEDOC）, Bayamón, Puerto Rico, 2000.（校訂版）

Brevísima relación de la destrucción de las Indias. Edición de Trinidad Barrera, Alianza Editorial, Madrid, 2005.

Brevísima Relación de la Destruyción de las Indias. Edición de Jean-Paul Duviols, Stockcero, Buenos Aires, 2006.

Brevísima Relación de la Destruición de las Indias. Ed. Juventud, Barcelona, 2008.

Brevísima Relación de la Destruición de las Indias. Edición de Miguel Martínez Torrejón, Estudio preliminar de John H. Elliott, Centro para la Edición de los Clásicos Españoles, Galaxia Gutenberg, Biblioteca Clásica. Publicaciones Universidad de Alicante, 2009.（校訂版）

Brevísima Relación de la Destrucción de las Indias. Ed. Linkgua Ediciones, Barcelona, 2009.

（翻訳版）

Narratio Regionum Indicarum per Hispanos qvosdam devastatarum verissima: ... Johann-Theodor de Bry, Oppenheimii, 1614.

The Tears of the Indians: Being An Historical and true Account Of the Cruel Massacres and Slaughters of above Twenty Millions of innocent People; Committed by the Spaniards ... Translated by John Phillips. London, 1656.

The Devastation of the Indies: A Brief Account. Introduction by Hans Magnus Enzensberger with a Dossier by Michel van Nieuwstadt, The Seabury Press, New York, 1974.

Très brève relation sur la destruction des Indes. Traduction de Julian Garavito, Mouton, Paris,

1974.

A Short Account of the Destruction of the Indies. Edited and translated by Nigel Griffin, with an introduction by Anthony Pagden, Penguin Books, London, 1992.

The Devastation of the Indies. A Brief Account. Translated by Herma Briffault, introduction by Bill M. Denovan, Johns Hopkins University Press, Baltimore & London, 1992.

An Account, Much Abbreviated, of the Destruction of the Indies. With Related Texts. Edited, with an introduction, by Franklin W. Knight. Translated by Andrew Hurley, Hackett Publishing Company, Inc. Indianapolis-Cambridge, 2003.

A Brief Account of the Destruction of the Indies. The Echo Library, USA., 2007.

A Brief Account of the Destruction of the Indies. BN Publishing, USA., 2008.

A Brief Account of the Destruction of the Indies, or a Faithful Narrative of the Horrid and Unexampled Massacres, Butcheries, and All Manner of Cruelties. General Books, Memphis, Tennessee, 2010.

『インディアス破壊を弾劾する簡略なる陳述』石原保徳訳、現代企画室、一九八七年

三、本文中の丸括弧（　）は原則的に底本と同じである。角括弧〔　〕は訳者による注であり、さらに重要だと思われるものは巻末にまとめて記載した。行間の小さな丸括弧内の数字は

注番号を示す。

四、段落の区切りは、読者の便宜を考え、訳者の責任で適宜改行した。

五、人名、地名などのカナ表記は、原則として原音主義を採用したが(例一)、通称に従った場合もある(例二)。その際、人名に関しては『岩波西洋人名辞典』を参考にした。

例一…メンドーサ、グスマーン、セビーリャ、グアティマラ、ポパヤーン

例二…コルテス、ピサロ、セバスティアン、フェリペ、スペイン、バルセロナ

なお、原著が一次史料であることを考慮し、頻出する地名に限り、初出時に原音主義を採用し、それ以降は通称に従った場合もある(例三)。

例三…クーバ島(キューバ島)、メヒコ(メキシコ)、アレマーニャ(ドイツ)

ヌエバ・エスパーニャ
北の海
南の海
フロリダ
ルカーヨ諸島
パヌコ
チョルーラ
ベラクルス
アバーナ
キューバ島
サン・フアン島
エスパニョーラ島
ウルタトラン
ホンジュラス
ジャマイカ島
メキシコ市
テペアカ
ナコ
シウダー・レアル・デ・チアパス
サンタ・マルタ
カルタヘーナ
ペルラス島
トリニダード島
ペルラス海岸
パリア
ユヤパリ川
パナマ
ティエラ・フィルメ
ダリエーン
ベネスエラ
新グラナダ王国
カリ
ボゴター
ポパヤーン
キト
プグナ島
トゥンバラ
ペルー
カハマルカ
リマ
クスコ
ラ・プラタ川
1ユカタン
2ハリスコ
3コリーマ
4ミチョアカン
5イピルシンゴ
6トゥトゥテペケ
7グアテマラ
8クスカタン
9ニカラグア

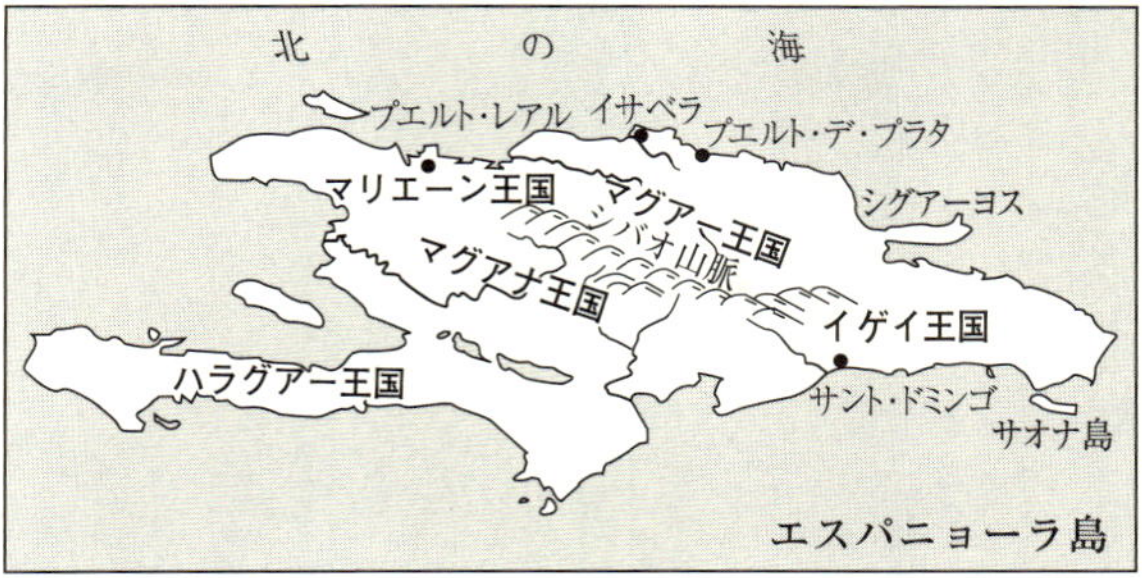
北の海
プエルト・レアル
イサベラ
プエルト・デ・プラタ
マリエーン王国
マグアー王国
シグアーヨス
シバオ山脈
マグアナ王国
イゲイ王国
ハラグアー王国
サント・ドミンゴ
サオナ島
エスパニョーラ島

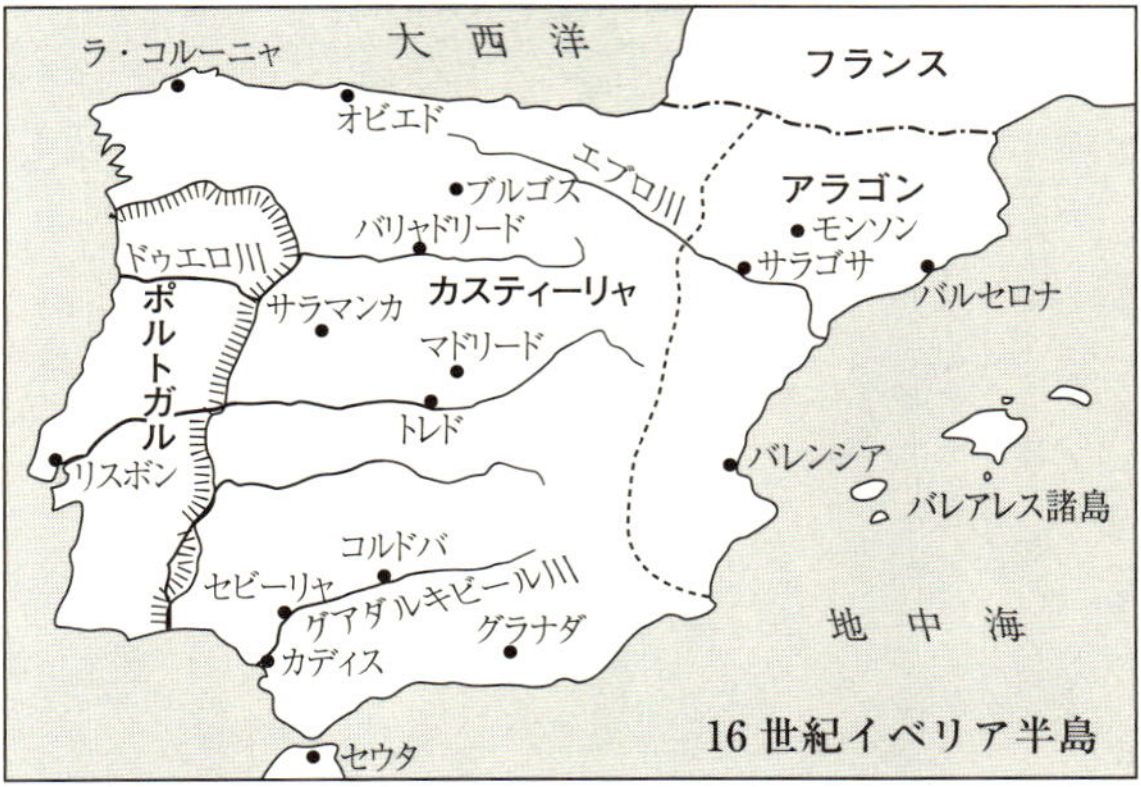
ラ・コルーニャ
大西洋
フランス
オビエド
エブロ川
ブルゴス
アラゴン
バリャドリード
モンソン
ドゥエロ川
サラゴサ
ポルトガル
カスティーリャ
バルセロナ
サラマンカ
マドリード
トレド
リスボン
バレンシア
バレアレス諸島
コルドバ
セビーリャ
グアダルキビール川
グラナダ
地中海
カディス
セウタ
16世紀イベリア半島

目　次

凡　例
地　図
この要約の趣旨……一七
序　詞……三一
インディアスの破壊についての簡潔な報告……三七
エスパニョーラ島について……三五
エスパニョーラ島にかつて存在した諸王国について……四三
サン・フアン島とジャマイカ島について……五六
キューバ島について……五八
ティエラ・フィルメについて……六五

ニカラグア地方について……七六
ヌエバ・エスパーニャについて(一)……八四
ヌエバ・エスパーニャについて(二)……八八
グアティマラ地方とその王国について……一〇五
ヌエバ・エスパーニャ、パヌコ、ハリスコについて……一一六
ユカタン王国について……一三六
サンタ・マルタ地方について……一四〇
カルタヘーナ地方について……一四八
ペルラス海岸、パリア海岸、トリニダード島について……一四九
ユヤパリ川について……一六五
ベネスエラ王国について……一六六
大陸にあってフロリダと呼ばれる地域の諸地方について……一七七
ラ・プラタ川について……一八三

ペルーにある数々の広大な王国と地方について……一八七
新グラナダ王国《ヌエボ・レイノ・デ・グラナダ》について……二〇一
〔結　辞〕……二一九
〔付　記〕……二二四
訳　注……二二九
解　説……二四一
参考文献……三一七
ラス・カサス関連年譜……三三七

インディアスの破壊についての簡潔な報告

この要約の趣旨

インディアス(1)の発見という偉業が達成されると、スペイン人はただちに同地へ渡り、しばらく滞在するようになった。それ以来今日現在に至るまで、スペイン人の活動は止むことなくつづいているが、その間にインディアスで相次いで起きた出来事はことごとく驚くべきもので、実際にそれを目にした人でなければ、とうてい信じがたいものであった。洋の東西を問わず、過去数世紀の間に世の人びとが実際に見たり、噂に聞いたりした出来事がどんなに輝かしいものであっても、インディアスで起きた事柄は例外なく、過去のそれらの出来事をひとつ残らず翳《かげ》らせ、沈黙させ、忘却の彼方へ追いやって余りあると思えるほどのものであった。インディアスでの出来事の中には、無辜《むこ》の人びとを殺害し、破滅へ追いやったり、いくつもの集落や地方や王国を見る影もなく破壊したりするような犯罪行為が数々あり、そのほかの出来事も例外なく、それらに劣らず、人を慄然とさせるものであった。

司教バルトロメー・デ・ラス・カサス、またはカサウス[2]は修道士となってから〔一五二三年、ドミニコ会に入る〕、先記の出来事をつぶさに目撃したものとして、我らが主君、皇帝陛下〔ハプスブルク王家出身。スペイン国王としてはカルロス一世、在位一五一六～五六年、神聖ローマ帝国皇帝としてはカール五世、在位一五一九～五六年〕に実情を報告するため宮廷へ参上したが〔一五四〇年〕、その折、インディアスの事情に通じていなかった各方面のお歴々にその一部をあれこれと陳述した。すると、話を聞いた方々《かたがた》は茫然自失となり、司教にそのうちの一部でも簡潔な文書に纏《まと》めるよう繰りかえし要請した。司教はその要望に応え、一文を認《したた》めた。

しかし、それから数年経てもなお、大勢の冷酷無比な連中、すなわち飽くことのない欲望と野心に心を奪われて身を持ち崩し、人間であることさえ忘れさり、そのため神にも見捨てられるような忌まわしい悪行を重ねた連中は、それまでに犯した背信行為や蛮行に飽き足らず、その後も稀にみる残忍な手口をつぎつぎと編みだしてあの世界〔インディアス〕を見るも無残に破壊してきた。それどころか、連中はふたたび同じような、また（その余地が残されているとすればの話だが）以前にもまして醜悪な所業を実行しようと企み、執拗に国王陛下にその許可と裁可を願い出ていた。司教はその事実を知り、殿下〔フェリペ、一五二七～九八年、のちのスペイン国王フェリペ二世〕が連中の申し出を却下されるのを願って、かつてこの件について認《したた》めた文書(3)を要略して殿下に献上しようと決心した。さらに、司教はその一文を殿下にできる限り労せずに読んでいただくには、印刷に付すのが適切だと考えた。司教が次にかかげる提要、すなわち、真《まこと》に簡潔な報告を認《したた》め、印刷に付した理由は以上のとおりである。

司教バルトロメー・デ・ラス・カサスもしくはカサウスがいと高くいと強きわれらが主君、スペインの皇太子フェリペ殿下にあてて認《したた》めた序詞

いと高くいと強き主君

神は自らの計画に従ってこの世の王国や民のために王たるものを創られました。それは、王たるものを通じて人類を導き、人類に等しく幸せをもたらそうとされたからであります。(ホメロスの言葉によりますと)王は民の父であり、牧者に等しい存在でありますから〔『イリアス』〕、国中の人びとの中でもっとも高潔かつ寛大な人物でなければなりません。したがいまして、王が正しい心の持ち主であることについては、いささかも疑問の余地がありません。万が一、自分の治める国で民がなんらかの不正、過ちや害に苦しんでいるとすれば、それはひとえに王がその事実を知らされていなかったからにほかなりません。もしその事実を知らされてさえいれば、王は十分な調査と誠心誠意を尽くしてそれらの諸悪を根絶なさることでしょう。聖書にある「裁きの座に就いている王はその目で

どのような悪をもふるい分ける」というソロモンの箴言〔『箴言』二〇・八〕はそのことを示唆しているように思われます。それと言いますのも、王たる者は生来、高徳を備えられておられるからであります。つまり、王は、自らが治める王国内の不正に関し一報を得るだけで、それを一掃し、また、一時たりとも不正を許すことがないからであります。

ところで、カスティーリャの国王が神とその教会からあの茫々とした数多の王国、すなわち、インディアスという広大無辺な新世界を譲渡され、委ねられましたのは、そこに暮らす人びとを導き、治め、キリスト教に改宗させ、現世のみならず来世においても等しく、豊かな生活を送らせるためにほかなりません。ところが、実際には、インディアスの王国や住民は、とうてい人間が手を下したとは思えないような不正、迫害、破壊や破滅を数々と蒙ってまいりました。いと強き主君、私は五〇年以上にわたりインディアスの地で過ごし、実際にそれらの悪事が犯されるのを目撃してきましたので、その中からとくに顕著な出来事をいくつか申し上げれば、必ずや殿下は陛下に対し、無法者《ティラーノ》たちが征服《コンキスタ》と呼んでいる事業、つまり、彼らが考えだし、今なお実行しつづけている企みを今後いっさい容認したり許可したりすることがないよう、折に触れて懇請していただけるでありましょう。もしも征服《コンキスタ》の許可が与えられるようなことになれば、インデイアスに住むあの穏和で慎ましく、従順で人を傷つけたことのない人びとに対し、ふたたび不当な仕打ちが加えられるのは必定であります。征服《コンキスタ》はまったく邪悪で暴虐的な企みであり、自然の法、神の法および人定の法のすべてにより断罪され、嫌悪され、呪われています。

思いますに、もしも無法者《ティラーノ》たちが無数の人びとを精神的にも肉体的にも破滅させることになった数々の非道な行為について黙して語らずにいれば、私もその共犯者になってしまうでしょう。したがいまして、私は、過ぎ去りし日々に蒐集した数えきれないほどの非道な行為の実例から、信頼に足る出来事を一部、いやむしろ、そのうちのごくわずかな例をここに認《したた》め、印刷に付すことにいたしました。それはひとえに、印刷されれば、殿下に労せずしてご高覧いただけるであろうと考えてのことであります。

さて、話は変わりますが、殿下の尊師である現トレド大司教猊下《げいか》（フアン・マルティネス・シリセオ、一四八五～一五七七年）は、かつてカルタヘーナの司教であられたとき、私に先記の非道な行為の実情を文書に認《したた》めるよう求められました（一五四二年）。そして、猊下は私が書き認《したた》めました拙文を殿下に献上されました。しかし、殿下が海陸を問わず、長旅を余儀なくされておられることや、さまざまな国務に忙殺されておられることからしまして、その一文を高覧に供されなかったか、あるいは、もはやその存在すら忘れ去られておられるかもしれません。

その一方、数多の人間の血を流したり、昔からその地方に住んでいた人びとや土地を所有していた人たちを何千万と殺害してあの広大無辺な土地を見る影もなく破壊したり、その土地から比類なきほど莫大な量の財宝を奪ったりするのを不当にも意に介しない連中の、恐れを知らない常軌を逸した欲望は、日を追うごとに膨れあがっていきました。その結果、彼らは手練手管を弄し、また、いろいろと偽りの口実を設けて、例の征服《コンキスタ》なるものを実行するための許可、認可を得ようと躍起になっています。征服《コンキスタ》を認可するのは自然の法と神の法に背くのに等しく、征服《コンキスタ》は死に値する大罪であり、永遠の恐ろしい責め苦を受けるにふさわしい企みであります。

したがいまして、私は、これまでにインディアスで起きた破壊や破滅に関しまして、きわめて浩瀚《こうかん》な記録を認《したた》めることができますし、そうすべきかもしれませんが、さしあたりここでは、その悲惨な出来事をごく簡潔にまとめたこの報告書を殿下に献上するのが時宜にかなっていると考えました。殿下がこの拙い報告書を御嘉納され、ひたすら公共の善と王国の繁栄に一身を捧げようとする臣下や下僕たちの働きに対して常日頃示されている寛大さと慈しみの情をもって披見されますよう、お願いする次第です。この文書を繙《ひもと》かれれば、言語を絶するようなことを企む連中が何ひとつ正当な大義や理由もなく、もっぱら強欲と野望に心を奪われてあの無辜《むこ》の人たちに行なっている虐殺がいかに不正きわまりないか、ご理解いただけるでありましょう。そして、殿下から陛下に、かくも有害かつ忌まわしい企みの許可を願いでている連中を断乎として斥け、しかも、今後いっさい、誰ひとり、陛下の逆鱗《げきりん》に触れてまで征服《コンキスタ》のことを口にしようとは思わなくなるくらい、厳しくその悍《おぞ》ましい申し出を葬り去るよう、懇請し、説得していただきたくお願い申し上げます。

いと高き主君、以上申し上げましたことこそ、神の御業《みわざ》により、カスティーリャ王国全体が聖俗両面において繁栄、存続するため、また、神の祝福を得るためにも、この上なく適切かつ必要な事柄であります。アーメン。

インディアスの破壊についての簡潔な報告

インディアスが発見されたのは一四九二年のことであり、その翌年には、スペイン人キリスト教徒がインディアスへ植民に赴いた。したがって、大勢のスペイン人がインディアスへ渡って今年で四九年になる。彼らが植民を目的として最初にその土を踏んだのはエスパニョーラ島〔現在のハイチ、ドミニカ共和国のある島〕であり、それは周囲の広さがおよそ六〇〇レグア〔一レグアは約五・六キロメートル〕にも及ぶ大きな島で、じつに豊饒なところであった。島の周囲一帯には大きな島が無数に点在し、その島々には、われわれも目撃したが、世界中のどこを探しても見当たらないほど、大勢の先住民、すなわち、インディオがひしめきあって暮らしていた。エスパニョーラ島のそばに大陸《ティエラ・フィルメ》(4)が横たわり、島から大陸《ティエラ・フィルメ》までは最短距離にして二五〇レグア余りで、大陸《ティエラ・フェルメ》では、すでに約一万レグアに及ぶ長い海岸線が発見され、現在も新しい海岸線が次々と発見されている。一五四一年までに発見された地域だけについて言えば、そこには例外なく、まるで巣に群がる蜜蜂のように人びとがひしめきあい、さながら神が全人類の中から大勢、いや、大部分の人間をその地域に住まわされたかのようであった。

神はすべての民族の中で、このインディアス一帯に住む無数の人びとをことごとく、この上なく素朴で、悪意や二心をもたない民として、また、きわめて恭順で、もともと従ってきた土着の首長にも、また今現在仕えているキリスト教徒にもじつに忠実な民として創造された。彼らは世界中のどの民族よりも謙虚で辛抱強く、また、温厚でおとなしく、諍いや騒動を好まない。また、彼らは口論したり不満を抱いたりすることもなければ、人に怨みや憎しみ、それに復讐する気持ちを抱くこともない。インディアスの人びとは他の民族と比較すると、身体が細くて華奢《きゃしゃ》で、ひ弱なため、重労働には耐えられず、軽重を問わず、病気にでも罹ると、たちまち死んでしまう。これは畑仕事に従事している人たちとて例外ではなく、われら〔ヨーロッパ〕の君主や領主の子どものように、恵まれた環境のなかで育てられたものでも、彼らほどひ弱くはない。

また、インディアスの人びとは数ある民族の中でももっとも貧しく、また、彼らが手にしている財産もほかの民族と比べれば、ごくわずかにすぎず、しかも彼らは財産など、所有したいとも思っていない。したがって、インディアスの人びとが傲慢になったり、野心や欲望を抱いたりすることなど、決してない。彼らの食べるものと言えば、かつて聖なる使徒たちが荒れ野で口にしていた食事もそれと同じくらいわずかでつましく、不味《まず》かったのではないかと思えるほどのものである。彼らはたいがいなにも身に纏《まと》わず、ただ恥部を隠しているだけであり、身体を一バラ半か二バラ〔一バラは約八四センチメートル〕四方の綿製の布《マンタ》のようなもので包んでいるのはましな方である。彼らは一枚の茣蓙《ござ》の上で夜を明かし、せいぜい、両端を固定して吊るした網の上で寝るくらいである。その網のことを、エスパニョーラ島の人たちはアマーカ〔ハンモック〕と呼んでいる。

　インディアスの人びとは地上のどの民族より、明晰かつ何ものにも囚われない鋭い判断力を具え、あらゆる秀れた教えを理解し、守ることができる。彼らはわが聖なるカトリックの信仰を受け入れ、徳高い習慣を身につけるのに十分な能力をもちあわせている。すなわち、彼らは、神がこの世に創造されたあらゆる人間の中で、信仰へ導くのに障害となるものがとりわけ数少ない人たちである。インディアスの人びとは信仰に関する事柄を知るようになると、それを理解したり、教会の秘蹟や礼拝を実行したりするのに非常に熱心なので、聖職者は彼らの執拗な願いを引き受けるためには、実際、神から忍耐という特別な恵みを授かっていなければならないほどである。最後に、長年この土地に暮らしていた大勢のスペイン人、それも聖職者以外の人たちがよく口にした言葉を記しておこう。つまり、彼らは、インディアスの住民が生まれついて善良な人たちであることを否定できず、「確かに、この土地の住民は、神を知らなかったことを除くと、この世で誰よりも至福を得た民である」と話していたのである。

スペイン人は、創造主から先記のさまざまな素晴らしい性質を授かったこれら従順な羊の群れに出会うや、まるで何日も獲物にありつけず、飢えて猛り狂った虎狼やライオンのように、彼らに襲いかかった。スペイン人が四〇年前から今に至るまで、そして、今日現在もなお、行ないつづけているのは、かつて人が見たことも、本で読んだことも なければ、話に聞いたこともない残虐きわまりない手口を新しく次々と考え出して、ひたすらインディオを斬りきざみ、殺害し、苦しめ、拷問し、破滅へと追いやることなのである。例えば、われわれがはじめてエスパニョーラ島に上陸した時〔一五〇二年〕、島には約三〇〇万のインディオが暮らしていたが、今ではわずか二〇〇人しか生き残っていない有様である。私は以下にそれらの非道な行為についていくつか、ほんのわずかな例を記すことにする。

クーバ島〔以下、キューバ島と表記〕は、全長がおよそバリャドリード〔スペイン北西部に位置し、当時、カスティーリャ＝レオン王国の首都〕からローマに至る距離に匹敵するぐらい大きな島だが、現在、島にはほとんど人がいない。サン・ファン島〔プエルト・リコ〕もハマイカ島〔以下、ジャマイカ島と表記〕も、いずれも非常に大きな島で、豊饒で素晴らしいところであったが、今では荒れはてて見る影もない。エスパニョーラ島やキューバ島の北方に隣接して、ルカーヨ人の住む諸島〔バハマ諸島〕があり、そこにはヒガンテと呼ばれる諸島をはじめ、大小さまざま合わせて六〇以上もの島々がある。その中で、いちばん貧しい島でも、王家がセビーリャに所有している果樹園よりはるかに豊かで美しく、また、その島は地上でもっとも快適な気候に恵まれたところでもある。ルカーヨ人の住むその島々には、かつては五〇万を超える人びとが暮らしていたが、今では住む人はひとりもいない。つまり、スペイン人はエスパニョーラ島の住民が絶滅したのを知ると、こんどはルカーヨ人をエスパニョーラ島へ連行してきては、また、その輸送途中で、全員を殺してしまったのである。そうして島々の住民がほとんど連れ去られたあと、あるひとりの立派なキリスト教徒〔ペドロ・デ・イスラ〕が憐憫の情にうたれ、もし生きながらえている者がいれば、改宗させ、キリストの手に委ねようと思いたち、一隻の船に乗って三年間〔一五二三〜二六年〕、島々を巡ったが、生き残っていたのはわずか一一名にすぎなかった。実は、私もその人たちに会ったことがある。

サン・フアン島の近くには三〇を超える島があるが、それらの島もルカーヨ人の島々と同じ原因で、人びとは全滅し、土地は荒れはててしまった。おそらくそれらの島を合わせると、全長二〇〇〇レグア以上にも及ぶと思われるが、今ではその島々もひとつ残らず、見るも無惨に荒れはて、人影もない。

広大な大陸《ティエラ・フィルメ》方面に関して言えば、これは確信しているのだが、われわれの同胞であるスペイン人が残酷な仕打ちや邪悪な振る舞いでその地域の人びとを全員死へ追いやり、一帯を壊滅させた結果、現在、そこは荒れ野と化してしまっている。かつてその地域には、理性を具えた大勢の人びとがひしめきあって暮らし、〔カスティーリャ＝レオン王国に〕アラゴン王国とポルトガル王国を加えたスペイン全土よりも広大な王国が数にして一〇以上も存在し、その全長は距離にして、セビーリャ―イェルサレム間の二倍以上、つまり、二〇〇〇レグア余りにも及んでいる。

したがって、われわれが確信し、正真正銘の事実だと判断しているところでは、この四〇年間に、男女、子ども合わせて一二〇〇万を超える人たちがキリスト教徒の行なった暴虐的かつ極悪無惨な所業の犠牲となって残虐非道にも生命《いのち》を奪われたのである。それどころか、誤解を恐れずに言うなら、真実、その数は一五〇〇万を下らないであろう。

インディアスへ渡った自称キリスト教徒がこの世からあの哀れな数々の民族を根絶し、抹殺するのに用いた手口はおもに二つあった。ひとつは不正かつ残酷で、血なまぐさい暴虐的な戦争を仕掛けるやりかたである。いまひとつは、自由な生活に憧れや望みを抱いたり、思いを馳せたり、あるいは、現在受けている苦しみから逃れることを考えたりするような首長や一人前の男性たちを鏖殺《おうさつ》しておいて、生き残った者たち（というのも、ふつうキリスト教徒は戦争では子どもや女性を殺さなかったからである）を、かつて人間が、いや、獣でさえ経験したことのないこの上なく苛酷で無慈悲な恐るべき奴隷状態に陥れて虐げることであった。それ以外にも、キリスト教徒は数えきれないほどさまざまな方法であの無数の人びとを殲滅《せんめつ》したが、それらはいずれも上述した二つの極悪無惨で暴虐的な手口に集約されるのである。

キリスト教徒があれだけ大勢の人びとを殺《あや》め、無数の魂を破滅させるに至った原因はただひとつ、彼らが金を手に入れることを最終目的と考え、できる限り短時日で財を築き、身分不相応な高い地位に就こうとしたことにある。すなわち、キリスト教徒が世界に類をみないほど飽くなき欲望と野心を抱いていたことにある。それというのも、インディアスがあまりにも豊饒で素晴らしいところであり、しかも、そこに暮らしている人びとがことのほか謙虚で辛抱強く、従わせるのにたいして手間がかからなかったからである。私は四〇年の間ずっと見てきて知っているので、私の話に嘘偽りはない。言っておくが、キリスト教徒はそのような人びとを獣よりも劣るとみなし、粗末に扱ってきたし(もし彼らがその人たちを獣なみに大事に扱っていてくれたら、まだましであったであろう)、それどころか、彼らを広場に落ちている糞か、それ以下のものとしか考えなかったのである。

キリスト教徒がこれまでインディアスの人たちの肉体的かつ精神的な病を治すのに示した配慮は以上のようなものであった。したがって、先記の千数百万という大勢の人は信仰の光に照らされることも秘蹟を授かることもなく死に絶えたのである。また、これはあまねく知られた、しかも、数多くの証拠で確認されている事実であり、たとえ無法者《ティラーノ》で人殺しであっても、誰もが知り、認めているところだが、インディアスでは場所を問わず、インディオは誰ひとり、キリスト教徒から度重なる悪事、強奪、殺戮、乱暴、苦しみを蒙るまでは、決して彼らに害を加えなかったし、それどころか、彼らを天から舞い降りてきた人びととみなしていたのである。

エスパニョーラ島について

エスパニョーラ島は、先記のとおり、インディアスへ渡ったキリスト教徒が最初に足を踏み入れ、住民に甚大な害と破滅をもたらしたところであり、また、キリスト教徒がインディアスでまっさきに破壊し、壊滅させた場所でもある。

そのエスパニョーラ島で、キリスト教徒はまずインディオから女性や子どもを奪ってかしずかせ、虐待し、さらに、インディオが額に汗水流して手に入れた食物を取り上げて食べてしまった。インディオは各自出来る範囲で、キリスト教徒にすすんで食物を差し出したが、彼らはそれだけでは満足しなかったのである。確かに、インディオが差し出す食物はいつもわずかであったが、それというのも、ふつうインディオは日々生きていくのに必要な量の食物、それも、少し働けば手に入る量の食物しか手元に持っていなかったからである。インディオは一〇人家族が一カ月食べて暮らすのに十分すぎるほどの量の食物を三世帯分差し出しても、キリスト教徒はひとりで、しかも、わずか一日で、平らげてしまうのである。

キリスト教徒はさらにそれ以外にも頻繁に脅迫したり、暴力や迫害を加えたりしたので、とうとうインディオは、そのような連中が天から舞い降りて来たはずがないと気づきはじめた。その結果、インディオの中には、食物を隠したり、妻子を匿ったりする者や、残虐で恐ろしい所業に耽る連中との接触を避けて山中へ逃げ込む者も現れた。

キリスト教徒はインディオに平手打ちや拳骨をくらわしたり、時には棒で殴りつけたりし、ついには村を治める人たちにも暴力を揮うようになった。そして、それが嵩じて、キリスト教徒の隊長《カピタン》のひとり〔フランシスコ・ロルダーンか、その部下〕はエスパニョーラ島で最大の権勢を誇った王に対して、その妻を強姦するという、きわめて無謀かつ厚顔無恥な振る舞いに及んだ。その時以来、インディオはキリスト教徒を彼らの土地から追放しようといろいろと策を練りはじめた。彼らは武器を手に起ち上がったが、武器とは言え、まったく粗末なもので、攻撃するにも迎え撃つにもほとんど役に立たず、と言って、身を守るのに役立つかと言えば、それすらも叶わないといった代物であった。したがって、インディオの行なう戦争は例外なく、ここ〔カスティーリャ＝レオン王国〕で行なわれている竹槍の模擬合戦か、さらに言えば、子どもたちの模擬合戦とさほど変わりがなかった。キリスト教徒は馬に跨り、剣と槍を構え、インディオを相手に前代未聞の殺戮や残虐な振る舞いに耽りはじめた。彼らは村々へ闖入《ちんにゅう》し、子どもや老人だけでなく、身重の女性や産後間もない女性までも、見つけ次第、その腹を引き裂き、身体をずたずたに斬りきざんだ。それはまるで囲い場に閉じ込められた小羊の群れに襲いかかるのと変わらなかった。

キリスト教徒はインディオの身体を一刀両断にしたり、一太刀で首を斬りおとしたり、内臓を破裂させたりしてその腕を競いあい、それを賭け事にして楽しんだ。母親から乳飲み子を奪い取り、その子の足をつかんで岩に頭を叩きつけたキリスト教徒たちもいた。また、大笑いしながらふざけて、乳飲み子を仰向けに川へ投げおとし、乳飲み子が川に落ちると、「畜生、まだばたばたしてやがる」と叫んだ者たちもいれば、嬰児《えいじ》を母親もろとも剣で突き刺したキリスト教徒たちもいた。彼らは目の前にいたインディオ全員に、そのようなひどい仕打ちを加えたのである。

さらに、足がようやく地面につくぐらいの高さの大きな絞首台を組み立て、こともあろうに、我らが救世主と一二名の使徒を称え崇めるためだと言って、インディオを一三人ずつ一組にして、絞首台に吊り下げ、足元に薪《たきぎ》を置き、それに火をつけ、彼らを焼き殺したキリスト教徒たちもいた（版画１）。そのほかにも、インディオの身体を乾いた藁

版画 1

で縛り、その藁に火をつけ、彼らを焼き殺したキリスト教徒たちもいれば、インディオを生け捕りにしようとした者たちもいた。彼らは生け捕りにしたインディオたちの両手を斬りつけ、両手が辛うじて〔皮一枚で〕腕に繋がっている状態にしておいて、「手紙をもっていけ」と命じた。つまり、山へ逃げ込んで身を隠したインディオのところへ見せしめとしてことの次第を知らせに行かせたのである。

キリスト教徒はインディオの領主や貴人を殺すのに、よく次のような手口を用いた。つまり、彼らは木の叉に、小枝や枝を編んで作った鉄網のようなものを載せ、それに彼らを縛りつけ、網の下からとろ火で炙っ

版画 2

たのである。すると、領主たちは苦痛に耐えかねて悲鳴をあげ、絶望のうちに息絶えた(版画2)。

一度、私自身、有力なインディオの領主が四、五人、そうして火あぶりにされているのを目撃した(ほかにも同じく鉄網のようなものが二、三組あり、そこでも、インディオが火あぶりにされていたと思う)。領主たちが非常に大きな悲鳴をあげたので、隊長《カピタン》は哀れに思ったのか、それとも、安眠を妨害されたからか、いずれにせよ、火あぶりをやめて絞首刑に処すよう命じた。ところが、彼らを火あぶりにしていた警吏《アルグアシル》(5)(私は彼の名前を知っているし、その親類ともセビーリャで知り合った)は死刑執行人よりはるかに邪悪な人物で、領主たちを絞殺するのに承服せず、彼らが大声を立てないよう、口の中へ両手で棒を押しこみ、それから火勢を強めた。そうして結局、警吏《アルグアシル》の思惑どおり、領主たちはじわじわと焼き殺された。

これまでに記したことはことごとく、私が実際に目撃した出来事であり、そのほかにも私は数えきれないほどの出来事を見てきた。インディオの中には、残虐非道で血も涙もなく、まるで猛り狂った獣と変わらない、また、人類を根絶やしにするいわば人類最大の敵ともいうべきキリスト教徒の手から逃げおおせた者も少なからずいた。彼らはひとり残らず、山中に立てこもったり、高い山へよじ登ったりして、身を守った。すると、キリスト教徒は彼らを狩り出すため、猟犬を獰猛きわまりない犬に仕込み、そうして訓練された猟犬はインディオをひとりでも見つけると、瞬く間にずたずたにした。猟犬はまるで豚を餌食にするときよりもずっと嬉しそうに、インディオに襲いかかり、食い殺したのである。そのような犬がインディオに与えた害は甚大であり、大勢のインディオが食い殺された。

じつに稀有《けう》なことだが、インディオが正当な理由と神の正義にもとづいて、時にキリスト教徒を数名、手にかけることがあった。すると、キリスト教徒はそれを口実に、インディオがキリスト教徒の生命《いのち》をひとつ奪うごとに、その仕返しに一〇〇人のインディオを殺すべしという掟を定めたのである。

エスパニョーラ島にかつて存在した諸王国について

かつてこのエスパニョーラ島には広大な王国が五つあり、権勢を誇る五人の王がそれぞれの王国を治めていた。島には五人の王以外にも、数えきれないほどの首長がいたが、彼らは全員、そのいずれかの王に服従していた。とは言え、遠く離れたいくつかの地方には、いずれの王にも従わない首長も数人いた。

五王国のひとつは最後の音節を強く発音するマグアーという王国で、それは沃野《ベガ》の王国という意味である。その豊かな平原は南の海《マール・デル・スール》〔現在のカリブ海に面する南海岸〕から北の海《マール・デル・ノルテ》〔現在の大西洋に面する北海岸〕までえんえん八〇レグアもつづき、この世でもっとも特筆すべき素晴らしい沃野《ベガ》のひとつである。その幅は場所により異なり、五レグア、八レグア、あるいは一〇レグアにも及ぶところもあり、両側には非常に高い山地が控えている。その沃野《ベガ》には、数にしておよそ約三万にものぼる大小の河川が流れこみ、中には、エブロ川やドゥエロ川、それにグアダルキビール川〔いずれもイベリア半島を流れる川〕のような大河が一二もある。西側の山脈から流れ出て沃野《ベガ》に注ぐ川は二万から二万五〇〇〇もあり、それらすべての川から、莫大な量の金が採れる。西側の山脈地帯、つまり高地にはシバオ地方が広がり、そこには当地〔スペイン〕でよく知られている高品位の金が採れるシバオ鉱山がある。

マグアー王国の王、すなわち王国を治める君主はグアリオネクスと呼ばれ、王は重臣として強大な勢力を誇る領主を数名従え、その中には、グアリオネクス王に仕えるために一万六〇〇〇人もの兵員を集めていた領主もいた。以前、私もその領主たちの一部と顔なじみになった。このグアリオネクス王はじつに恭順かつ高徳の人物で、生来平和を愛し、カスティーリャ国王を心から敬っていた。グアリオネクス王に仕えた臣下、つまり王に対し貢納義務を負っていた人びとは各自、王の命令に従って、数年間、瓢簞《ひょうたん》の器に金をいっぱい詰めてキリスト教徒に差し出していた。しかし、その後、彼らはその器に金を満たせなくなると、器を二つに割り、それに金を詰めて納めることにした。というのも、エスパニョーラ島のインディオは金鉱から金を集める方法、つまり採掘する技術をほとんど、いや、まったく知らなかったからである。そこで、このカシーケ(6)〔グアリオネクス〕は、キリスト教徒からもうそれ以上金を要求されずにすむように、キリスト教徒が建てた最初の居留地イサベラからサント・ドミンゴ市に至る五〇レグア余りにも及ぶ広大な土地をカスティーリャ国王のために開墾すると申し出た。グアリオネクス王の話によれば、また、確かなことでもあるが、もはや臣下のインディオには金を採集することなど不可能だったからである。思うに、王はその約束を守っただろうし、それも喜んで実行したであろう。また、その約束が果たされていれば、国王は毎年、金にして三〇〇万カステリャーノ〔一カステリャーノは約四・五グラム〕を超えるほどの収入を手にし、その結果、エスパニョーラ島には、セビーリャと同じくらい大きな町が五〇以上も建設されたことであろう。

ところが、キリスト教徒がこの善良で偉大な君主グアリオネクス王に対して返した礼と言えば、こともあろうか、王の名誉を汚すことであった。すなわち、キリスト教徒の名にふさわしくないある隊長《カピタン》〔フランシスコ・ロルダーンか、その部下〕が王妃を凌辱したのである。王は時機を待って部下を糾合し、復讐を遂げることもできたが、そうはしなかった。グアリオネクス王は領地を離れ、重臣の一人が領主として治めていたシグアーヨスと呼ばれる地方へ赴いた。そして、王はそこに身を隠し、王位と王国を追われたまま死を待つことにした。しかし、姿を消したことがキリスト教徒に気づかれると、王はその身を隠しとおせなかった。つまり、キリスト教徒は時を移さず、グアリオネクス王を匿った領主の土地へ向かい、戦争を仕掛け、虐殺の限りを尽くし、とうとう王を見つけて捕えたのである。王はカスティーリャへ連行されることになり、鎖に繋がれ、足枷をはめられ、無理やり船に乗せられた。しかし、その船は航海なかばに難破し、グアリオネクス王もろとも、大勢のキリスト教徒が海の藻屑と消え、大量の金も海底に沈んだ。その中には、大きなパンのような、重さ三六〇〇カステリャーノもする金塊もあった。そうして、神はキリスト教徒が犯した甚だしい不正行為に復讐されたのである。

いまひとつの王国はマリエーンと呼ばれ、現在、その王国に広がる沃野《ベガ》の北端にはプエルト・レアルがある。マリエーン王国はポルトガル王国より大きく、しかもはるかに豊饒で、人が住むのにふさわしいところであった。王国には、数多くの高い嶺が聳え、高品位の金や銅が採れる鉱山があった。

マリエーン王国を治める王はグアカナガリー（最終音節を強く発音する）と呼ばれ、王の配下には、強大な領主が大勢いた。私はそのうちの多数の領主と会い、顔見知りになった。最初にこの王国の土を踏んだのはインディアスを発見した初代提督《アルミランテ》［クリストバル・コロン］(7)であり、提督《アルミランテ》がエスパニョーラ島を発見した時、彼を最初に出迎えたのがこのグアカナガリー王であった。そのとき、王は提督《アルミランテ》をじつに親切かつ礼儀正しく出迎えたが、その態度は提督《アルミランテ》に同行したキリスト教徒たちに対しても変わることがなく、王は彼らをも温かく、優しく迎え入れたのである。さらに、（提督《アルミランテ》の乗った船〔サンタ・マリア号〕がその王国付近で座礁して沈没の危機に瀕したとき）グアカナガリー王はキリスト教徒に救いの手を差しのべ、必要な物資を援助した。キリスト教徒がこの王から受けたもてなしは、自国〔スペイン〕において、それも実の両親からでさえ受けることはありえないと思えるほど、心温まる丁重なものであった。私がその事実を知ったのは提督《アルミランテ》自身の報告や書簡からである。グアカナガリー王はキリスト教徒の行なう虐殺や残虐非道な所業を避けて山中へ逃げ込んだが、その途中、道に迷って生命《いのち》を落とした。そうして、王国は破壊され、奪われた。グアカナガリー王に仕えていた領主も全員、圧制と虐待をうけて死んでいったが、その件に関しては後述する。

第三番目の王国はマグアナといい、この王国も素晴らしい景観を誇り、とても健康によくて暮らしやすく、しかも、豊饒な国であった。現在、ここでは、エスパニョーラ島でもっとも良質の砂糖(8)が生産されている。

マグアナ王国を治める王はカオナボーと呼ばれた。この王はその勢力、地位、威厳、それに、王のために催される儀式の華々しさにかけては、島中のすべての王をはるかに凌いでいた。キリスト教徒は、館で寛いでいたカオナボー王をじつに抜け目のない不正な手口で捕え、その後、カスティーリャへ連行するため、船に閉じこめた。港には六隻の船が出港準備を整えて碇泊していたが、その夜、激しい嵐が襲来し、船は六隻とも沈没し、船に乗っていたキリスト教徒もひとり残らず溺死した。そうして、神は、カオナボー王の捕縛が、キリスト教徒のそれまでの振る舞い同様、いかに邪悪かつ不正きわまりない行為であったかを示そうとなさったのであるが、その時、鎖に繋がれ足枷をはめられたカオナボー王も死んでしまった。その王には、いずれも王に負けず劣らずじつに逞しい勇敢な弟が三人か四人いた。彼らは兄であり王でもあるカオナボーが不当に捕えられるのを目撃していたし、キリスト教徒がほかの王国でも同じように破壊や殺戮に耽っているのを知っていたので、とくに兄のカオナボー王の訃報に接すると、キリスト教徒を襲撃し、亡き兄王の恨みを晴らそうと武器を手に決起した。すると、キリスト教徒は数名の馬兵《うまつわもの》(馬はインディオの間で、おそらくもっとも恐ろしい武器となる)とともに、彼らを迎え撃ち、甚大な害を加え、大虐殺を行なった。その結果、マグアナ王国の領土の半分は完全に破壊され、荒れ野と化してしまった。

第四番目の王国はハラグアーと呼ばれ、さながらエスパニョーラ島全体の中心、要《かなめ》、すなわち都とも言うべき地域であった。住民たちの使う洗練された言葉とその話しぶり、立派な礼儀作法、漲《みなぎ》る気品と雅量（というのも、この王国には大勢の領主や貴人がいたからである）、それに、住民の誰もが美しくしとやかであった点で、この王国はほかのすべての王国を断然凌いでいた。

この王国を治める王、つまり君主はベエチオといい、王にはアナカオナという妹がいた。その二人の兄妹はカスティーリャ国王のために犬馬の労をとり、たびたび死の淵からキリスト教徒を救い、彼らに測り知れないほど恩恵を施した。ベエチオ王の亡きあと、アナカオナが女王として王国を治めた。ある時、エスパニョーラ島を統治していた総督《ゴベルナドール》〔ニコラス・デ・オバンド、一四六〇～一五一一年〕が六〇人の馬兵《うまつわもの》と三〇〇人を超える歩兵を率いてこの王国へ到着した。その馬兵《うまつわもの》だけでも、この島全体と大陸部《ティエラ・フィルメ》一帯を壊滅させるのに十分だったであろう。

さて、その総督《ゴベルナドール》の出頭命令に従って、三〇〇人以上の領主が一抹の不安も抱かず姿を現した。すると、総督《ゴベルナドール》は部下に、まず、できるかぎり大勢の領主をだまして藁造りの大きな家屋の中に閉じ込め、それからその建物に火を放つよう命じた。そうして、キリスト教徒は彼らを焼き殺した。さらに、キリスト教徒は建物に閉じ込められなかった領主をもひとり残らず、数えきれないほどのインディオもろとも、槍で突き刺したり、

版画 3

剣で斬りつけたりした。女王アナカオナに対しては、彼らは敬意を表し、絞首刑にした(版画3)。

ある時、憐れに思ったのか、それとも、欲に駆られてか、いずれにせよ、数名の子どもを殺戮から守ろうとして、拾い上げ、馬のうしろに乗せたキリスト教徒が何人かいた。ところが、その背後から別のスペイン人がやって来て、その子どもたちを槍で刺し殺した。また、地面に横になっている子どもを見つけるや、その両足を剣で斬りおとしたキリスト教徒もいた。

そのような非道かつ残虐な仕打ちから逃げのびた一部のインディオはエスパニョーラ島から八レグアほど離れたところに浮か

ぶ小島〔グアナボ島、現ハイチ共和国の首都ポルトープランスの正面に位置する島〕へ渡った。すると、先記の総督《ゴベルナドール》は大虐殺を免れて逃げのびたことを理由に、島へ移ったインディオをひとり残らず、奴隷にするよう命じた。

　エスパニョーラ島にあった最後の王国、つまり、第五番目の王国はイゲイと呼ばれ、イグアナマーという名の年老いた女王が治めていた。その女王もキリスト教徒の手で縛り首にされた。私は実際にこの目で見たのだが、キリスト教徒は次々と新しいさまざまな殺し方や拷問の方法を編み出して、数えきれない人びとを生きたまま火あぶりにしたり、めった斬りにしたり、拷問したりしていた。また、彼らは生け捕りにしたインディオを全員、奴隷にした。

　インディオの蒙ったこのような虐殺や破壊は数知れず、筆舌に尽くしがたい。実際、思うに、どれほど言葉を尽くして多くを語ったところで、現実の出来事の千分の一も説明できないであろう。それゆえ、私はこれまでに記した戦争に関連して、ただひとつだけ確実なこととして付け加え、この話を結びたい。それは、神と良心にかけて誓って言うが、確かな事実である。つまり、キリスト教徒は既述したような不正や悪事、それに、こと細かく記すのは控えたが、その気になれば述べることのできるそのほかさまざまな非道を働いたが、インディオ側にその原因があったり、彼らがそのような罰を受けるに値するような罪を犯したりしたことなど一度もなかったということである。換言すれば、キリスト教徒は強奪したり、殺害したり、生きながらえた者たちをことごとく捕え、死ぬまで奴隷にして虐待したりしたが、その原因や罪はインディオ側にはまったくなかったのであり、それは、善良かつ清廉潔白な聖職者たちが同じような仕打ちを受けても仕方のないような原因を作ったり、罪を犯したりしなかったのに等しい。

さらに断言しておくが、私が確信し、推察するところ、エスパニョーラ島に住んでいた大勢のインディオは、彼らが鏖殺《おうさつ》され、土地が破壊されつくすまでの間、一度も人間の手で罰せられるような大罪をキリスト教徒に対して犯したことがなかったということである。あの人たちは、神のみが罰することのできる大罪、つまり、復讐心や憎しみや怨恨を不倶戴天の敵であるキリスト教徒に対して抱いても不思議ではなかったが、実際にそのような感情を抱いた者はごく少なかった。それどころか、長い経験に照らして言えば、たとえ彼らがそのような感情を抱くことがあったとしても、それは決して衝動的で激しいものではなく、どちらかと言えば、一〇歳か一二歳ぐらいの子どもが抱くような軽微なものにすぎなかった。

また、これは、確かな、否定しがたい真実であると確信していることだが、インディオはつねにキリスト教徒を相手にきわめて正当な戦争を行なったが、一方、キリスト教徒が仕掛けた戦争で、正当なものはなにひとつなく、むしろその戦争はことごとく極悪非道で、不正きわまりなく、世界のいかなる暴君が行なった戦争よりはるかに不当なものであった。同じく断言するが、同じことは、キリスト教徒がこれまでにインディアス全土で行なってきたすべての戦争についても当てはまる。

　戦争が終わってみると、男性は全員殺されてしまっており、生き残ったのはいつも少年少女や女性、幼い子どもたちであった。キリスト教徒はその生き残ったインディオを仲間うちで分配しあった(9)。彼らは総督《ゴベルナドール》と呼ばれる札付きの無法者《ティラーノ》から受けた恩顧の程度に応じて、それぞれ三〇人、四〇人、一〇〇人あるいは二〇〇人のインディオを受けとった。そのように、インディオはキリスト教徒ひとりひとりに分配されたが、その口実たるや、カトリックの信仰にかかわる事柄をインディオに教えこみ、彼らの魂を救済するためであり、その役目を総じて愚鈍かつ残忍で、欲深くかつ陋習《ろうしゅう》に染まったキリスト教徒に一任することにしたのである。しかし、キリスト教徒が実際にインディオに対して行なった救済、あるいは、示した関心とは、男性を鉱山へ送りだして耐えがたい金採掘の労働に従事させることと、女性をエスタンシア、つまり農場に閉じ込め、頑丈で逞しい男性がするような仕事、すなわち、土を掘り起こし、畑を耕す仕事に使役することであった。

そして、その時キリスト教徒が彼らに与えた食物と言えば、雑草をはじめ、滋養のないものばかりであり、それは男女とも変わりがなかった。その結果、出産直後の母親は乳が出なくなり、赤ん坊はことごとく生後間もなく死んでしまった。また、夫は遠く離れたところにいたため、一度も妻に会えず、そのため、夫婦の間に子どもが生まれることもなかった。鉱山で働く男性は苛酷な労働と飢えのために生命《いのち》を落とし、エスタンシア、つまり農場で働かされた女性も同じ運命を辿った。こうして、エスパニョーラ島に暮らしていたじつに大勢のインディオが死に絶えた。そのような状態がつづけば、世界中の人びとがことごとく死滅してしまっても不思議ではなかった。

荷役に関して言うなら、キリスト教徒は三アローバか四アローバ〔一アローバは約一一・五キログラム〕もする重い荷物をインディオに背負わせ、一〇〇レグア、二〇〇レグアも運ばせた。また、彼らは漁網に似たアマーカに乗り、それをインディオたちに担がせて移動した。つまり、キリスト教徒はいつもインディオを荷物運搬用の獣同然に扱ったのである。そして、そ

版画 4

の重い荷物のせいで、インディオの背中や肩は擦りむけ、まるでこき使われた獣同然であった。また、キリスト教徒は命じられた仕事に励んでいるインディオを鞭《むち》や棒、あるいは、平手や拳固で殴打したり、罵倒したり、そのほか、数えきれない苦しみを加えたりした。いずれにせよ、キリスト教徒がインディオに加えた苦しみは、事実、どんなに時間をかけ、紙幅を費やしても、語りつくせないし、人を慄然とさせるのに十分であった(版画4)。

ここで銘記しなければならないのは、キリスト教徒がこれらの島々や陸地を破壊しはじめたのが一五〇四年のイサベル女王〔一四五一～一五〇四年、カスティーリャ＝レオン王国の女王〕の崩御の知らせが届いてからだという事実である。確かに、それまでにも、このエスパニョーラ島には、不正な戦争によって破壊された地方がいくつもあったが、島全体が破壊されたわけではなかった。そして、その不正な戦争の大部分、いや、ほとんどすべてが女王には知らされていなかった。というのも、これは事実だが、今は亡き女王がインディオの救済と繁栄に並々ならぬ関心と賞賛すべき熱意を抱いておられたからである(10)。われわれはその事実をこの目で見て知っているし、その数々の実例をしかと確認している。

さらに、次にあげる法則《レグラ》にも注目しなければならない。つまり、キリスト教徒が足を踏みいれ、通過したインディアスの土地では例外なく、インディオに対して先記のような残虐非道な仕打ちが加えられ、無辜《むこ》のインディオが忌まわしい殺戮や暴虐や抑圧に苦しめられたが、キリスト教徒は時を追うごとに、さらに数々の新しい恐るべき拷問を次々と考えだし、ますます残虐になっていったという法則《レグラ》である。つまり、神は、キリスト教徒がにわかに身を持ち崩し、人間としての感情を喪失し、そして、地獄落ちの裁きを受けるに至る道を整えられたのである。

サン・ファン島とジャマイカ島について

一五〇九年、スペイン人はサン・ファン島とジャマイカ島へ移ったが（この二つの島はまるで豊饒な果樹園のようなところで、そこには、巣に群がる蜜蜂のように大勢の人がひしめきあって暮らしていた）、その目的や狙いは、彼らがエスパニョーラ島へ渡った時に抱いていたのと変わりがなかった。[11] したがって、スペイン人はそこでも、これまでに記したのと変わらない甚だしい蛮行と罪を重ね、さらに目を覆いたくなるような残虐非道ぶりを発揮した。

つまり、スペイン人はインディオを殺したり、火攻めや火あぶりにしたり、また、獰猛な犬に投げ与えたりしたのである。その後、彼らはインディオを鉱山での採掘をはじめ、そのほかさまざまな労働に使役して抑圧し、苦しめ、挙句の果て、その哀れな無辜《むこ》の人びとを絶滅させてしまった。かつて両島には、六〇万、いや、一〇〇万を超える人びとが暮らしていたと思うが、今では各島に、二〇〇人ほどしかいない。それ以外の人びとは全員、信仰の光に照らされることも秘蹟を授かることもなく死に果てたのである。

キューバ島について

一五一一年、スペイン人はキューバ島へ渡った[12]。この島は(先記のとおり)、全長がバリャドリードからローマに至るまでの距離に匹敵する大きな島であり、かつてそこには、大勢の人びとが暮らす広大な国がいくつもあった。スペイン人はこの島でも終始変わることなく先に記したような振る舞いに及んだが、それは時を追ってますます残酷なものになっていった。

キューバ島では、とくに他に例をみないほどの忌まわしい出来事がいくつも起きた。島には、アトゥエイという名の、ひとりの有力なカシーケ、つまり首長がいたが、実は、彼はキリスト教徒の数々の極悪非道な所業や彼らの加える災いから身を守るため、エスパニョーラ島から大勢の部下を引き連れてキューバ島へ逃げて来ていたのである。キューバ島で、アトゥエイは数名のインディオから、キリスト教徒が島へ渡来したことを知らされると、部下を大勢、いや、ひとり残らず集め、こう語った。「知ってのとおり、キリスト教徒がこちらへやって来るらしい。連中がアイティー(つまりエスパニョーラ島)の領主であった誰某と誰某と誰某やその部下たちを、どれほど虐待したか、よく知っているはずだ。連中が来るのはここでも同じことをするためだが、なぜそのような振る舞いに及ぶのか、おそらく察しがつくだろう。そうじゃないか」と。すると、部下たちは答えた。「生まれつき残酷で邪悪な連中だからです。それ以外に、理由は考えられません」と。それを聞いて、カシーケは言葉をつづけた。「いや、それだけでは、あんなひどいことはするまい。連中には、一つの神がいて、連中はそれを心から崇め、こよなく愛している。その神を私たちから奪い去り、崇め奉るために、私たちを言いなりにさせようと必死になり、その挙句、生命《いのち》を奪うのだ」。そう言って、アトゥエイは側にあった金製の装身具がいっぱい詰まった籠を手に取り、さらに話しつづけた。「これがキリスト教徒たちの神だ。異存がなければ、この神のためにアレイト(つまり、舞いと踊り)を演じようではないか。そうすれば、たぶんこの神は大喜びして、私たちに悪事を働かないよう、キリスト教徒に命じてくださるだろう」と。すると、部下たちは異口同音に「そうしましょう。賛成です」と叫んだ。そうして、インディオは全員、その籠の前でへとへとになるまで踊りつづけた。それから、首長のアトゥエイは口を開いた。

「さて、キリスト教徒が崇めるこの神の正体が何であれ、こんなものを後生大事に持っていたら、連中は奪おうとして、最後には私たちを手にかけるに違いない。だから、籠をその川へ捨ててしまおう」。部下たちは全員、アトゥエイの考えに賛同し、近くを流れる大河〔おそらくキューバ島北東部のバラコアを流れるトア川のこと〕へ金製の装身具がいっぱい詰まったその籠を投げすてた。

アトゥエイというこのカシーケ、つまり首長はキリスト教徒の正体を知悉《ちしつ》していたので、彼らがキューバ島に上陸してからもずっと逃亡しつづけ、たまに彼らに出くわすことがあっても、巧みに身を守っていた。しかし、その彼も最後にはキリスト教徒に捕まってしまった。そして、アトゥエイは、極悪かつ残忍な連中を避けつづけ、自分の生命《いのち》だけでなく、部下やその子孫までも抑圧して殺そうとする連中から身を守りとおしたという、ただそれだけの理由で、生きたまま火あぶりにされることになった。その場に居合わせたひとりの立派なフランシスコ会の修道士〔ファン・ティシン〕が木に縛りつけられたカシーケのアトゥエイに向かって、神とわれらの信仰に関する事柄を少しばかり説いた(それは、カシーケが過去に一度も耳にしたことのない話であった)。その修道士がそれらの事柄を説くのには、死刑執行人から与えられたほんのわずかな時間で十分であったらしい。修道士はアトゥエイに、「もし私の話を信じるなら、栄光に満ち溢れ、永遠の安らぎが得られる天国へ召されるが、信じなければ、地獄に落ち、未来永劫に罰を受け、苦しむことになる」と語った。カシーケはしばらく考えてから、「キリスト教徒も天国へ行くのですか」と尋ねた。聖職者は頷いて答えた。「ええ、善良なキリスト教徒であれば」と。すると、アトゥエイは言下に言いはなった。「天国などには行きたくない。いっそのこと地獄へ落ちたい。キリスト教徒がいるようなところへ行きたくもないし、二度とあんな残酷な連中の顔を見たくもない」と。実際のところ、インディアスへ渡ったキリスト教徒の所業によって、神とわれらの信仰が手に入れた名声と名誉とは、以上のようなものであった(版画5)。

かつて、次のような出来事があった。とある大きな村に住んでいたインディオたちが食糧や贈物を携えて、村から一〇レグア離れたところまでわれわれを出迎えにきてくれた。われわれが村に到着すると、インディオは大量の魚やパン、食事、それに、差し出せるものがあればそのすべてを差し出してくれた。ところが、突然、悪魔がキリスト教徒に乗りうつり、彼らは何ひとつ正当な動機も原因もないのに、われわれの目の前に座っていた男女、子ども合わせて総勢約三〇〇〇人以上のインディオを短剣で突き刺した。

版画 5

私はその場に居合わせ、かつて誰も見たことも想像したこともなかったような残虐非道な所業を目撃したのである。

　それから数日後、次のようなこともあった。私はアバーナ〔ハバナ〕地方にいたすべての領主のもとへ数名の使者を遣わし、われわれを恐れないようにと伝えさせたが、それは領主たちが私のことを噂に聞いて信じていたからである。さらに、使者たちは、村から逃げたりしないでわれわれを出迎えるよう、そうすれば、決して害を加えられることはないと領主たちに伝えた。というのも、その地域一帯に住むインディオはみな、キリスト教徒がそれまでに行なった度重なる殺戮を知り、怯えきっていたからである。私がそのような任務を引き受けたのは隊長《カピタン》（パンフィロ・デ・ナルバエス、一四七〇頃～一五二八年）の意向に従ってのことであった。そして、われわれがアバーナ地方に到着すると、二一人もの領主やカシーケが出迎えた。すると、隊長《カピタン》は、私が彼らと交わした約束を一方的に反故《ほご》にし、時を移さず彼らを捕え、次の日には全員を生きたまま火あぶりにしようと企んだ。隊長《カピタン》の言い分によれば、領主たちはいつか必ず害を加えてくるに相違ないから、火あぶりにするのが適切な措置なのであった。私は燃えさかる炎の中から彼らを救いだすのに難渋を極めたが、最終的には、彼らは辛うじて逃げのびることができた。

　このキューバ島のインディオも、エスパニョーラ島のインディオと同じように、全員が虐待酷使され、惨禍を蒙ることになった。彼らはどんなにあがいても所詮、なす術《すべ》なく死にはてたり、生命《いのち》を奪われたりするのだと分かると、中には、山へ逃げこんだり、絶望の余り自ら首をくくって生命《いのち》を断ったりする者も現れた。そうして、数組の夫婦が縊死《いし》したが、そのとき彼らは実の子どもを道連れにした。（私が知っている）あるひとりの、とりわけその暴虐ぶりにかけては札付きのスペイン人のせいで、二〇〇人以上のインディオが首を吊って自殺したこともあった。そのようにして、数えきれないほどのインディオが帰らぬ人となった。

このキューバ島には、国王に仕える役人で、三〇〇人のインディオの分配《レパルティミエント》(13)を受けていた男〔財務官《テソレロ》ミゲル・デ・パサモンテ〕がいたが、わずか三カ月のうちに、そのうちの二七〇人が鉱山労働で死に絶え、生き残ったのはわずか全体の十分の一にあたる三〇人だけであった。その後も、彼には、以前と同数の、また、それ以上の数のインディオが分与されたが、その都度、彼らを死へ追いやった。つまり、その男は死んで悪魔に魂を奪われるまで、そのような非道な仕打ちを重ねつづけたのである。私がこの島に滞在した三カ月か四カ月の間に、七〇〇〇人以上の子どもが餓死したが、それは、両親がともに鉱山へ連行されてしまったからである。それ以外にも、私はこの島で、身の毛もよだつような出来事を数々と目撃した。

その後、キリスト教徒は山中に身を潜めたインディオを狩り出しにいくことに決め、そうして甚大な害を彼らに加えた。結局、キリスト教徒はキューバ島を隅から隅まで荒廃させ、無人島にしてしまった。われわれはごく最近その光景を目にしたが、荒れはて、ひっそりと静まりかえった島を見ると、とても胸が痛み、憐憫の情がこみ上げてくる。

ティエラ・フィルメ[14]について

一五一四年、神にも見捨てられたあるひとりの哀れな総督《ゴベルナドール》〔ペドラリアス・ダビラもしくはペドロ・アリアス・デ・アビラ。一四四〇～一五三一年〕が入念な計画のもと、大勢のスペイン人を引き連れて、植民を目的にティエラ・フィルメへ渡った。この総督《ゴベルナドール》は慈悲の心をひとかけらも持ち合わせていない無分別な男で、まるで神の怒りを一身に受けてしかるべき人間のような極悪非道の無法者《ティラーノ》であった。それまでにも、数人の無法者《ティラーノ》〔ディエゴ・デ・ニクエサ、アロンソ・デ・オヘーダなど〕がティエラ・フィルメへ向かい、強奪や殺戮を繰りかえし、大勢の人びとを怯えさせたが、彼らが襲撃したり略奪したりしたのはもっぱら海岸地方に限られていた。しかし、その総督《ゴベルナドール》は、彼より以前にその海岸地方へ渡ったどの無法者《ティラーノ》よりも、また、島という島で暴掠の限りを尽くした無法者《ティラーノ》たちよりも、はるかに残忍な人物で、彼の行なった邪悪な振る舞いは過去のあらゆる忌まわしい所業を凌いでいた。

彼は海岸地方のみならず、広大無辺な内陸部とその内陸部にあったいくつもの王国を荒廃させ、数えきれないほどの住民を殺害して地獄へ追いやった。そうして、総督《ゴベルナドール》は地上に存在する地域の中で何処《どこ》よりも素晴らしく、この上なく自然条件に恵まれ、もっとも人口稠密だと考えられる地域、すなわち、ダリエーンから東方かなり離れたところからニカラグア王国を含むその周辺部の諸地方に至る、距離にして五〇〇レグアを超える地域をことごとく荒廃させてしまった。かつてそこには大勢の大領主が君臨し、大きな集落が数知れないほどひしめき、しかも、地表には莫大な量の金が露出していた。過去に、スペイン人はそのような土地へ足を踏み入れたことがなかった。というのも、ほぼスペイン全域にエスパニョーラ島で採れた素晴らしい見事な金が溢れていたが、その金はインディオが地中から、つまり鉱山で採掘したものであったからである。そして、既述したように、インディオたちはその鉱山で死に絶えた。

先記の総督《ゴベルナドール》とその部下はインディオに金の在処《ありか》を白状させ、金を差し出させるため、次々と新たな虐待や拷問の手口を考え出した。総督《ゴベルナドール》の部下であるひとり隊長《カピタン》〔ガスパール・デ・エスピノーサ、一四八四頃～一五三七年〕は総督《ゴベルナドール》の命令を受けて、住民から金を強奪し、彼らを絶滅させる目的で、とある村へ侵入し、およそ四万人ものインディオを殺害した。フランシスコ会所属のフランシスコ・デ・サン・ロマンという名の修道士がその隊長《カピタン》に同行し、惨劇を目の当たりにした。つまり、隊長《カピタン》は剣を突き立てたり、生きたまま火あぶりにしたり、また、獰猛な犬に投げ与えたり、そのほかさまざまな拷問を加えたりして苦しめた挙句、四万人ものインディオを殺してしまったのである。

さて、〔スペインにおいて〕インディアス統治の仕事に携わり、そこに住む人びとを改宗させ、彼らの魂を救済するための指示や命令を出す任務を負った人たちは今日に至るまでずっと、実情をまったく知ろうとはせず、（これは実際間違いのないことだが）その任務をいつも二の次にしてきた。つまり、彼らはその任務の実行と結果に関して、異なる報告を行なったり、言いつくろったり、ごまかしたりしつづけてきたのである。結局のところ、彼らのその有害きわまりない盲目ぶりは度を越し、ついに彼らはインディオ向けの降伏勧告状《レケリミエント》(15)を作成することを思いつき、実際にそれを作成し、作成したその文書をインディオに読んで聞かせることを命じた。降伏勧告状《レケリミエント》とは、インディオに対して、キリストの信仰を受け入れ、カスティーリャ国王に臣従するよう勧告し、もし言うとおりにしなければ、情け容赦ない戦争を仕掛けられ、殺されたり捕えられたりする云々、と言い聞かせる文書であった。

それはまるで、インディオ一人ひとりの身代わりとなって自らの生命《いのち》を犠牲にされた神の御子イエスが「あなたがたは行って、すべての民をわたしの弟子にしなさい」〔『マタイによる福音書』二八・一九〕と語られたその御詞《みことば》を、自分たちの土地で平和かつ穏やかに暮らしている異教徒に対して先記の降伏勧告状《レケリミエント》の朗読を実行するよう命じたものだと解釈するのに等しかった。つまり、その文書によれば、過去にキリストの教えを聞いたり説かれたりした経験のない異教徒でも、もし彼らがただちに信仰を受け入れなかったり、かつて耳にしたこともなければ、その姿はおろか肖像さえ目にしたことのない国王の支配権に身を委ねるのを認めなかったりすれば、ただそれだけの理由で、財産や土地を奪われ、自由を失い、妻子までが生命《いのち》を失うことになるというわけであった。これほど理不尽で馬鹿馬鹿しい、また、あらゆる非難と嘲笑と地獄の責め苦を受けるにふさわしいものはない。しかも、その国王の臣下や使者たるや、例外なく、残忍で血も涙もない恐るべき無法者《ティラーノ》であった。

そうして、神にも見捨てられたあの哀れな総　督《ゴベルナドール》〔ペドラリアス・ダビラ〕は先記の降伏勧告状《レケリミエント》の朗読を実行するよう指令を受けていたので、もともと、それ自体愚劣かつ理不尽な文書で、しかも、このうえなく不正なものであったが、それをさらに正当化しようと、彼が命令を下したのか、それとも、彼が派遣した盗賊まがいの部下が彼らの判断で行なったのかは定かではないが、以下のような行動に出た。つまり、盗賊同然の哀れなスペイン人は金を蔵する村の情報を入手すると、その村を襲撃し、金を強奪しに行くことになった。彼らは、インディオが村や家屋で安心して寛いでいるころに狙いを定め、夜陰をついて村まで残り半レグアのところまで迫り、そしてその夜、例の降伏勧告状《レケリミエント》を仲間うちで読み上げ、布告としたのである。その内容たるや、「ティエラ・フィルメにある某村のカシーケおよびインディオたちに告ぐ。われらはおまえたちに、唯一の神とローマ教皇、それに、これらの土地の君主であらせられるカスティーリャ国王について知らせにやって来た。さあ、ただちに姿を現し、カスティーリャ国王に服従せよ、云々。さもなければ、すぐさま戦争を仕掛け、おまえたちを殺したり、捕えたりすることになると心得よ」というものであった。

夜が明けそめるころ、つまり、無辜《むこ》のインディオがまだ妻子ともども眠りこんでいたとき、スペイン人は村へ闖入《ちんにゅう》し、大半が藁造りのインディオの家屋に火を放った。インディオが異変に気づいた時はすでに手遅れで、女性、子ども、そのほか大勢のインディオが焼き殺された。スペイン人は手当たり次第にインディオを殺害し、生け捕りにしたインディオに対しては、金を蔵するほかの村の所在地について、すなわち、彼らがその村で見つけた金に満足せず、それ以上の金がないのかどうか、白状させようと、さまざまな拷問を加え、挙句の果て、彼らをも殺してしまった。さらに、それでもなお生きながらえた者がいれば、焼印を押して奴隷にした。その後、火勢が弱まるか、火が消えると、スペイン人は家屋の焼け跡で金を探しまわった。一五一四年から二一年もしくは二二年までの間ずっと、神にも見捨てられたこの男〔ペドラリアス・ダビラ〕とその部下である邪悪なキリスト教徒は全員、ひたすら先に記した手口を使ってそのような非道な所業に耽った。すなわち、その総督《ゴベルナドール》はいつも五、六人、時にはそれ以上の数の家来を村へ派遣し、そして、彼らが略奪してきた金や真珠や宝石類を数多く着服し、彼らが捕えてきた奴隷たちを大勢、自分のものにした（実は、彼は総司令官《カピタン・ヘネラル》として、別に大量の戦利品を分け前として受け取っていたのである）。国王に仕える役人とて、例外ではなかった。彼らもまた、それぞれ、使用人や家人を出来るかぎり大勢、遠征に参加させていた。さらに、この王国の初代司教〔ファン・デ・ケベード〕[16]も同じくその利益の分け前に与《あずか》ろうと、使用人たちを派遣していた。

私の判断が間違っていなければ、当時、スペイン人がその王国〔カスティーリャ・デ・オロ王国〕から強奪した金の総量は一〇〇万カステリャーノ以上にのぼったであろう。それでも、その数字は、彼らが実際に略奪した金の量よりはるかに少ないと思う。おそらく、その中から国王へ送られたのはわずか三〇〇〇カステリャーノにすぎない。また、その間に、彼らが殺害したインディオの数は八〇万を超えた。その後一五三三年に至るまで、先記の総督《ゴベルナドール》につづいて、別の横暴な総督《ゴベルナドール》が数名、相次いでその王国へ赴任し〔ペドロ・デ・ロス・リオス、ファン・サルメロン、アントニオ・デ・ラ・ガマ〕、彼らもまた、生きのびたインディオに戦争を仕掛けたり、戦闘後に暴虐的な苦役を課したりして、挙句の果て、死に至らしめた。もっとも、総督《ゴベルナドール》自らがそのような所業に手を下さなかったこともあるが、それでも、彼らは、部下が同様の振る舞いに及ぶのを黙認していた。

さて、例の総督《ゴベルナドール》〔ペドラリアス・ダビラ〕の統治期に、総督《ゴベルナドール》自身が手を下したり、部下が行なうのを容認したりした犯罪行為は数えきれないほどあり、以下にその一例を記そう。あるひとりのカシーケ、つまり、インディオたちの首長が総督《ゴベルナドール》に九〇〇〇カステリャーノの金を差し出したことがあった。それが首長の自発的な行為なのか、それとも、恐怖心に駆られてのことなのかは定かではない（恐怖心に基づく行為と考える方がはるかに信憑性が高い）。ところが、スペイン人はそれだけでは満足せず、その首長の身柄を拘束し、地面に立てた一本の杭に縛りつけ、それから、両脚を引っ張り、足もとに火をあて、さらに多くの金を差し出すよう強要した。首長は部下を自分の館へ遣《や》り、さらに三〇〇〇カステリャーノの金を持参させた。しかし、それでもスペイン人は満足せず、ふたたび首長に拷問を加えはじめた。首長は、もうそれ以上の金を手元に持っていなかったためか、それとも、差し出したくなかったためか、いずれにせよ、金を提供しなくなった。すると、スペイン人はそのまま首長の足を炙りつづけたので、とうとう、足の裏から骨が突き出てしまい、そうして、首長は息絶えた。このように、スペイン人は金を奪うために大勢の首長を殺したり、苦しめたりしたが、それは一度や二度のことではなく、数えきれないくらい頻繁に行なわれた(版画6)。

また、かつて次のような出来事もあった。大勢のインディオがキリスト教徒のじつに有害かつ恐るべき所業から身を守るため、人目を避けて山中でひっそりと暮らしていたが、スペイン人の一隊が不意打ちをかけるためその山へ近づいた。そして、彼らはインディオを急襲し、七〇人か八〇人もの娘や妻を奪い、手当たり次第に男性を殺害した。翌日、大勢のインディオが集結し、妻や娘を取り戻そうとキリスト教徒のあとを追い、戦いを挑んだ。キリスト教徒は窮地に立たされたが、それでも獲物を手放そうとはせず、それどころか、娘や妻たちの腹部に剣を突きたて、八〇人全員を殺してしまった。その

版画 6

光景を見て、インディオは悲しみに胸を引き裂かれ、絶叫した。「キリスト教徒よ、なんと邪悪な連中だ。なんて残酷なんだ。イラを殺すなんて」。その土地では女性のことをイラと呼んでいるので、インディオの叫びはほぼ次のような意味である。つまり、女性を手にかけるのは、キリスト教徒が獣同然の忌まわしい冷酷な人間である証拠である、ということである。

パナマから一〇レグアか一五レグア離れたところに、パリスという名の大領主が住んでいた。パリスは莫大な量の金を所有し、キリスト教徒がやって来た時、彼らをまるで実の兄弟のように迎え入れ、隊長《カピタン》〔ゴンサロ・デ・バダホス〕には、すすんで五万カステリャーノの金を差し出した。すると、隊長《カピタン》とキリスト教徒は、それほど大量の金を好意から贈物として差し出すからには、領主のもとには相当な財産があるに相違ないと考えた。財宝こそ、キリスト教徒の目的であり、彼らの労苦を癒すものであったので、彼らは偽ってその土地を去りたいと告げ、そして、夜が明けそめる頃、村へ舞い戻った。キリスト教徒は苦も無くパリスが治める村を襲撃し、火を放って村を焼き払い、大勢のインディオを手にかけたり、焼き殺したりした。そうして、彼らはさらに五万ないし六万カステリャーノの金を奪った。

　しかし、キリスト教徒はカシーケ、つまり領主（パリス）を殺すことも捕えることもできなかった。すでに逃亡してしまっていたからである。パリスはただちにできるだけ大勢の部下を集め、それから二、三日後に、もともと彼のものであった一三万か一四万カステリャーノの金を運んでいたキリスト教徒の一行に追いついた。パリスは勇敢に彼らに襲いかかり、五〇人のキリスト教徒の生命《いのち》を奪い、金を取り戻した。窮地を逃れたキリスト教徒もいたが、重傷を負っていた。しばらくして、大勢のキリスト教徒（ガスパール・デ・エスピノーサら）がふたたびパリスのもとへ引き返し、カシーケをはじめ、彼に従う数えきれないほどの部下を虐殺し、また、捕えたインディオをいつものように奴隷同然に酷使し、挙句の果て、殺害した。そのようなわけで、今や、大勢の領民が暮らしていた三〇レグアに及ぶこの地方一帯には、かつて村があり、人びとが住んでいたことを示すものはなにひとつ見当たらず、村の形跡すらとどめていない。神にも見捨てられた例の男〔ペドラリアス・ダビラ〕はその仲間とともに殺戮と破壊を繰りかえし、ティエラ・フィルメにあったそれらの王国を見る影もない荒れ野にしてしまったが、その所業について逐一語るのは不可能である。

ニカラグア地方について

一五二二年か二三年、先記の無法者《ティラーノ》〔ペドラリアス・ダビラ〕はニカラグアという、この上なく豊饒な地方の制圧に向かった。そして、彼のニカラグア侵略はその地方の住民にとり暗黒時代の始まりとなった。

ニカラグア地方について、住民たちの幸福ぶりや健やかさ、礼儀正しさや繁栄ぶり、それに、人口の稠密さを余すところなく語りつくせる人はいないであろう。事実、この地方には、驚くほど数多くの集落があり、その集落はそれぞれ、端から端まで距離にすると三、四レグアもあり、あたり一帯には見事な果樹が繁茂していた。その結果、集落には大勢の人が暮らすようになった。土地が平坦で広々としているため、インディオは山に身を隠そうと思っても、〔山がなかったので〕それは無理な相談であった。また、土地がすこぶる快適なところであったので、あえてその土地を離れるなど、とても辛くて、容易にできることではなかった。したがって、彼らは度重なるひどい迫害にもじっと耐え忍び、キリスト教徒の行なう圧制や奴隷同然の酷使にも精一杯我慢していたのである。それは、住民であるインディオが生まれつきおとなしく、平和を愛する人たちであったからである。

そのようなインディオに対して、例の無法者《ティラーノ》は彼と同じ貉《むじな》の仲間、つまりかつて彼が別の王国〔ティエラ・フィルメ〕を全滅させた時、配下の部下として手を貸した悪逆な連中を引き連れて、甚だしい害を加え、殺戮をほしいままにし、非道な所業を重ねた。また、彼はその仲間連中と組んで大勢のインディオを生け捕りにし、数々の不正行為を働いた。いずれもその残酷さは言語を絶するほどであった。その無法者《ティラーノ》は五〇人の馬兵《うまつわもの》を送り出し、ルション伯爵領〔フランス南部の旧州〕よりはるかに広大な地方一帯を襲撃させた。その時、インディオは老若男女を問わず、鏖殺《おうさつ》されたが、その原因と言えば、インディオが出頭命令にすぐに応じなかったとか、彼らの供出した玉蜀黍《とうもろこし》、つまり、われわれの小麦に相当する穀物の量が少なかったとか、あるいは、その無法者《ティラーノ》や彼の仲間のために働くインディオを必要な人数、差し出さなかったとかといった、まったく些細なことであった。土地が平坦であったため、インディオは誰ひとり、馬から、つまり、悪魔の化身のごとく疾駆する怒れる馬から逃げのびることができなかった。

例の無法者《ティラーノ》はまた、スペイン人をいくつもの別の地方へ派遣した。つまり、インディオを略奪しに向かわせた。その時、彼はその連中に、彼らスペイン人のために働いてくれているインディオを平和な村から好きなだけ連行するのを許可した。スペイン人はインディオに重さ三アローバもする荷物を背負わせ、そして、荷物を置き捨てにしないよう、彼らを鎖に繋いだ。スペイン人はこのようなことを何度も繰りかえし行ない、時には、連行された四〇〇〇人のインディオのうち、無事に家へ帰れたのはわずか六人ということもあった。そのほかのインディオはみな、途中で死に絶え、道端に放置されたのである。また、重い荷物を担がされたため、疲労困憊して跛行《はこう》したり、空腹とその苛酷な労働、それに、生来のひ弱さのために病気に罹ったりするインディオもいた。そのような時、スペイン人はいちいち鎖を外すのが面倒なので、歩けなくなったインディオの首枷の辺りに剣を振りおろし、首と胴体がそれぞれ別の方向へころげ落ちるように始末した。その光景を目の当たりにした仲間のインディオがどのような思いをしたか、想像していただきたい。

そういうわけで、荷物の運搬を命じられると、インディオは過去の経験から、二度と生きて家に戻れないことを知っていたので、涙を流し、溜息をつきながら旅路についた。その時、彼らはこうつぶやいた。「昔は、よくあの道を通ってキリスト教徒のために働きに行ったものだ。あのころ、確かに仕事はきつかったが、決められた期間働けば、家へ戻り、妻や子どもに会うことができた。しかし、今は、もう二度と家に帰ることも妻子の顔を見ることも叶わず、こうして旅に出るのだ。死地に赴くしかないのだ」と。

ある時、その無法者《ティラーノ》はただ気紛れからインディオをあらためて分配しなおそうと考えた。彼は気に入らない部下からインディオを取り上げ、意に適う部下に与えようとしたらしい。それが原因で、インディオが田畑に種を蒔かなくなった。その結果、食物がなくなると、キリスト教徒は、インディオが自分や子どもたちのために貯えていた玉蜀黍《とうもろこし》を一粒残らず、奪い取ることになった。そのため、二万人ないしは三万人を超えるインディオが餓死し、さらに、あまりのひもじさに、母親が空腹を満たすためにわが子を手にかけるという事態まで発生した。

インディオが暮らしていた村には例外なく、先記のとおり、素晴らしい果樹園があったので、キリスト教徒は各自、割り当てられた(彼らの言葉を借りれば、委託《エンコメンダール》された)村に居を構えた。彼らはインディオに土地を耕作させ、彼らの乏しい食物を奪って暮らした。そうして、キリスト教徒は、インディオがそれぞれ生きる手立てとしていた田畑や先祖伝来受け継いだ土地を奪った。スペイン人は、首長をはじめ老若男女すべてのインディオを自分の家屋敷に住みこませ、日夜休む間も与えずに働かせた。さらに、幼子でも、立てるようになれば、その子に分相応の仕事だけでなく、ときにはとうてい無理な仕事まで強いた。そうして、彼らはインディオを絶滅させ、また、現在生きながらえているわずかな人びとをも死へ追いやっている。このインディオたちには、夜露を凌ぐ家屋や財産もなく、また、スペイン人は、彼らが家屋や財産を所有するのを許さない。同じような事態はエスパニョーラ島でも起きたが、この土地でスペイン人が犯した不当な仕打ちの方がはるかにひどかった。

　キリスト教徒はずっとこのニカラグア地方でインディオを酷使したり虐げたりしたため、大勢の人が瞬く間に死んでしまうことになった。つまり、彼らは船を建造するため、インディオに大きな板や材木を担がせて三〇レグアも離れたところから港まで運ばせたり、蜜や蠟を取りに山へ行かせたりした。そして、その山で、インディオはティグレ〔ジャガーのこと〕の餌食となった。また、キリスト教徒は身重の女性であろうと産後間もない女性であろうと関係なく、彼女たちを役獣のごとく扱い、重い荷物を担がせたが、状況は今も依然として変わらない。

ところで、そのニカラグア地方をとくに見る影もなく荒廃させることになったこの上なく恐るべき疫病とも言えるのは、例の総督《ゴベルナドール》〔ペドラリアス・ダビラ〕がスペイン人に、集落を治める首長、つまりカシーケに対して奴隷の供出を求める許可を与えたことであった。スペイン人は四カ月か五カ月ごとに、あるいは、その総督《ゴベルナドール》から恩賞として、奴隷を要求する許可を得るたびに、カシーケに対して五〇人の奴隷の供出を求め、もし言うとおりにしなければ、生きたまま火あぶりにするとか、獰猛な犬をけしかけるとかと言って脅迫した。通常、インディオの間には、奴隷など存在せず、たとえいたとしても、カシーケがせいぜい二、三人、多くて四人くらいもっているだけであった。そのため、首長たちはそれぞれ各自の集落へ帰り、まず、孤児をひとり残らず集め、それから、二人の子どもをもつ親にはひとりを、三人の子どもがいる場合は二人を、各々奴隷として差し出すよう求めた。そのようにして、カシーケは、無法者《ティラーノ》が要求した員数を何とか揃えた。村人たちは並はずれて子煩悩だったから、子どもを奪われて悲しみに打ちひしがれ、泣き叫んだ。スペイン人はそのようなことを頻繁に繰りかえし、とうとう、一五二三年から三三年までの間に、その王国一帯を見る影もなく荒廃させてしまった。

それというのも、その間六、七年にわたり、スペイン人がそうして手に入れた大勢のインディオを、奴隷売買のためにやって来た五、六隻の船に乗せてパナマやペルーへ運び、そこで奴隷として売り捌いたからである。しかも、その中で、生きのびたインディオはひとりもいなかった。なぜなら、これは数えきれない事例や経験から明らかなことだが、インディオは生まれ故郷から遠く引き離されると、たちまち死んでしまうからである。また、スペイン人がインディオを売買するのはひたすら働かせるためだったので、インディオに食事を与えたり、仕事の息抜きをさせたりすることがなかったからでもある。そうして、私と同様自由な人たちであるにもかかわらず、インディオは奴隷とされ、生地から連れ去られ、その数は五〇万を超えていた。また、スペイン人は極悪非道な戦争を仕掛け、捕虜たちを恐るべき奴隷状態へ陥れて、これまでに、さらに五〇万人か六〇万人を超えるインディオの生命《いのち》を奪ったが、今もなお、その殺戮は依然として終わっていない。

およそ一四年間にわたって、上記のような、ありとあらゆる破壊行為が行なわれた。その結果、かつては(先記のとおり)この地上で人口稠密な地域の一つに数えられたニカラグア地方一帯には、今ではおよそ四〇〇〇人もしくは五〇〇〇人のインディオしかいないと思われる。しかも、スペイン人はその生きのびた人たちをも酷使し、日々迫害して、死に至らしめているのである。

ヌエバ・エスパーニャについて（一）

一五一七年、ヌエバ・エスパーニャが発見された時、〔スペイン人と出会った〕インディオは大混乱をきたし、数名が発見者たち〔フランシスコ・エルナンデス・デ・コルドバの率いる遠征隊〕に殺害された。一五一八年、キリスト教徒を名乗る人たち〔ファン・デ・グリハルバ麾下の遠征隊〕が口では植民のためだと言いながら、実は略奪と殺戮を目的にヌエバ・エスパーニャへ向かった。

その一五一八年から四二年の今日現在に至る間に、キリスト教徒がインディアスで犯した非道、不正、暴力、虐待はことごとく極みに達した。というのも、彼らは神と国王に対する畏怖心をまったく失い、自制心すら失くしてしまったからである。キリスト教徒はこの広大無辺な大陸《ティエラ・フィルメ》部にあった数多の王国で、壊滅的な行為や非道な仕打ち、殺戮や破壊、略奪や暴行、それに虐待の限りを尽くし、彼らの残虐な振る舞いは例外なく、その内容と頻度において、これまでに記したあらゆる悪行とは比較にならなかった。とはいえ、私はなにもキリスト教徒の犯した悪行をすべて記してきたわけではなく、触れなかった悪行も数知れない。しかし、たとえそれらを漏れなく記したとしても、その数や残虐さの点で、キリスト教徒が一五一八年から四二年の今日に至るまで、このヌエバ・エスパーニャの地で重ねてきた悪行は群を抜いている。また、一五四二年九月の今日という日にも、ヌエバ・エスパーニャでは、この上なく由々しき重大な犯罪行為が繰りかえされている。それは、すでに提示した法則《レグラ》、すなわち、スペイン人の不法な行為や極悪非道な振る舞いは、彼らが最初にインディオと出会った時から日を追うごとにますますひどくなっていくという法則《レグラ》が間違っていないことを証明している。

キリスト教徒は一五一八年四月一八日にヌエバ・エスパーニャへ侵入してから一五三〇年に至るまでの一二年間ずっと、メヒコ〔以下、メキシコと表記〕の町とその周縁部、つまり、スペインに匹敵するほど大きな、そして、スペイン以上に豊饒な王国が四つも五つも存在した周囲およそ四五〇レグアに及ぶ地域で、血に飢えた残忍な手と剣で、止むことなく殺戮と破壊を重ねた。そのヌエバ・エスパーニャ地方一帯には、トレド、セビーリャ、バリャドリード、サラゴサ、それにバルセロナの各都市の人口を加えた数をはるかに凌ぐ大勢の人がひしめきあって暮らしていた。過去、現在を問わず、それらスペインの各都市が最大の人口を擁した時のその数を合算しても、神の御意思によって周囲一八〇〇レグア以上もあるこの地方一帯に住んでいた人びとの数にはとても及ばなかったし、それは、今も変わらない。

その一二年の間、スペイン人は先記の周囲約四五〇レグアの地域において、インディオを全員、老若男女を問わず、短刀や槍で突き刺したり、生きたまま火あぶりにしたりして、結局、四〇〇万を超す生命《いのち》を奪った。そのようにして、スペイン人は、彼らが征服《コンキスタ》と呼ぶ活動を行ないつづけた。征服《コンキスタ》とは、残忍な無法者《ティラーノ》たちが行なう暴力的な侵略であり、それは神の法のみならず、あらゆる人定の法にも背馳《はいち》し、トルコ人がキリスト教の教会を破壊するのに等しいか、あるいは、それ以上に劣悪な所業である。そして、先に挙げた四〇〇万を超える死者の数には、すでに記したような酷使、迫害や圧制を日常的に加えられて死んでいったインディオや、今なお死に追いやられているインディオの数は含まれていないのである。

ここでとりわけ銘記すべきは、どれほど努力し、時間をかけ言葉を尽くしても、また、いかなる手段を駆使しても、誰の目にも明らかなあの人類最大の敵であるスペイン人が先に記したヌエバ・エスパーニャのさまざまな地方において、時にはいくつもの土地で同時に、また、時には別の場所で異なる時期に、たえず犯しつづけた非道な所業について語るのは無理な相談だということである。また、実際のところ、中には、とくにその状況や内容があまりにも由々しいため、いかに細心の注意を払い、時間をかけ、言葉を尽くしても、正確に説明できない所業がいくつもある。それでも、私は一部の地方で起きたわずかな事例を以下に記すことにする。ただし、これははっきりと誓って申し上げておくが、私が説明するのは実際の出来事の千分の一にも及ばないのである。

ヌエバ・エスパーニャについて(二)

ここでは、スペイン人が行なった数々の虐殺の中で、とりわけ、三万人以上の住民が暮らしていたチョルーラという大都市で起きた虐殺について触れる。

チョルーラやその周辺地方を治めた首長はひとり残らず、大神官が率いる神官たちの行列を先頭に、大いなる敬意と恭順の念をもってキリスト教徒を出迎えた。首長たちはキリスト教徒を中央に挟むようにして市内へ向かい、宿泊所として用意しておいた首長や要人たちの家屋敷まで案内した。しかし、スペイン人はその場で彼らを虐殺、すなわち、(スペイン人の言葉を借りれば)懲罰《カスティゴ》を加えることにした。彼らの狙いはヌエバ・エスパーニャ地方の津々浦々に至るまで、インディオたちに、スペイン人が恐るべき勇猛な人間であるという印象を植えつけ、そう思わせることであった。それは、スペイン人が侵入先の場所では例外なく実行した常套手段であった。つまり、スペイン人は従順な羊たちを恐怖で震え上がらせるため、残忍かつ目に余る殺戮を行なったのである。

そういうわけで、スペイン人は計画を実行に移すため、まず、チョルーラで最大の権力を誇った首長をはじめ、チョルーラ市やその支配下にあったすべての土地の首長や貴人たち全員に出頭を命じた。首長や貴人たちがひとり残らず、スペイン人を率いた隊長《カピタン》〔エルナン・コルテス、一四八五〜一五四七年〕のもとへやって来て、話しあいを始めようとしたとき、スペイン人はただちに彼らの身柄を拘束した。そのとき、スペイン人は、ことの次第が外部に漏洩するのを避けるため、誰にも悟られないよう慎重に行動した。ところで、それ以前に彼らは首長たちに、荷担ぎ人足として五〇〇〇人か六〇〇〇人のインディオを供出するよう要求していた。やがて、命令どおり、そのインディオたちが集まると、スペイン人は彼らを全員、邸内の中庭へ閉じ込めた。インディオがスペイン人の重い荷物を運ぶ準備をしている姿を目にすると、誰しも、インディオに深く同情し、憐憫の情を抱くに違いない。なぜならインディオは恥部を覆い隠しているだけで、ほとんど裸同然であり、しかも、粗末な食べ物を入れた小さな網袋を肩にかけ、じつにおとなしい小羊のようにじっと蹲《うずくま》っているからである。彼らは全員、その場に居合わせたインディオもろとも集められ、中庭へ押しこめられた。中庭から外へ通じる出入り口には、武装したスペイン人が監視役として立ち、残りのスペイン人は全員、手に剣を携え、その羊たちに襲いかかり、剣や槍で突き殺した。その残虐な殺戮から逃れることのできたインディオはひとりもいなかった。

しかし、それから二、三日経つと、累々と横たわる死体の山に身を潜めて（それほど死体は多かった）辛うじて虐殺を免れ、なんとか生きのびたインディオが大勢、満身血だらけになって現れた。彼らはスペイン人に、殺さないでほしいと涙ながらに訴え、慈悲を乞うた。しかし、スペイン人は彼らに対し一片の慈悲心も同情の念も持ちあわせていなかった。彼らは、インディオが姿を現すと、たちどころにずたずたに斬りきざんだ。さらに、例の隊長《カピタン》（エルナン・コルテス）は部下に、すでに捕縛していた例の一〇〇人以上もの首長を連れ出し、地面に立てた杭に縛りつけ、火あぶりにするよう命じた（版画7）。

ところが、おそらくその地方最大の権力者とおぼしきひとりの首長が首尾よくその場を抜け出し、二〇人か三〇人、あるいは四〇人の仲間とともに近くにあった大神殿に立て籠もった。インディオは神殿のことをクウと呼んでいたが、それはまるで要塞のように堅固な建物であった。先記の首長はその砦のようなクウで、ほぼまる一日持ちこたえたが、武器をもたなかったインディオたちがスペイン人から身を守るなど、所詮無理な話であった。結局、スペイン人は大神殿に火を放ち、インディオを焼き殺した。その時、

版画 7

インディオたちは絶叫した。「なんて邪悪な連中なんだ。いったい私たちが何をしたと言うのか。どうして私たちを殺すのだ。メキシコへ行くがよい。そうすれば、われらが権勢あまねし主君モテンスマ王〔アステカ国王モクテスマ二世。モクテスマ、モテクソマとも呼ばれる。一四六六～一五二〇年〕が私たちに代わって、復讐なさるだろう」と。噂によれば、スペイン人が中庭に閉じ込められた五〇〇〇人か六〇〇〇人のインディオを剣で突き殺していた間、例の隊長《カピタン》は「ネロはタルペアの丘から炎に包まれたローマを眺める。子どもや年老いた人たちが泣き叫ぶ。されど、ネロは一片の憐れみの情も抱かず」と〔いう詩歌《ロマンセ》の一節を〕口ずさんでいたらしい。

スペイン人は、規模でも、また家の数や人口数でも、チョルーラ市を大きく上回るテペアカ市においても、同じように大虐殺を行なった。彼らはテペアカの町でとりわけ甚だしい残虐ぶりを発揮し、数知れないインディオを斬殺したのである。

スペイン人一行はチョルーラからメキシコへ向かい、一方、偉大なモテンスマ王は彼らの行く先々へ数多くの贈物を届け、また、首長や部下たちを派遣し、数々の祭宴を催してもてなした。スペイン人がメキシコ市へ通じる堤道の入口、つまりその町から二レグア離れた場所へ到着すると(17)、モテンスマ王は実の弟に大勢の大首長をつけ、金や銀、それに衣服などの贈物をもたせて出迎えさせた。そして、町の入口では、モテンスマ王がみずから、金製の輿に乗り、大勢の廷臣をひとり残らず従えてキリスト教徒を出迎え、それから、前もって彼らの宿と定めておいた宮殿まで案内した(版画8)。

ところが、その場に居合わせた数人の者から聞いた話では、その当日、スペイン人は謀略をめぐらし、安心しきっていた偉大なモテンスマ王の身柄を拘束し、八〇名の部下を配して監視させ、それから、足枷をはめた。この件については、ぜひとも語らなければならない重大な出来事が山ほどあるが、それはさておき、ここではその無法者《ティラーノ》たちがメキシコの町で起こした、とくに目に余る事件について記しておきたい。

版画 8

スペイン人を率いたその隊長《カピタン》〔エルナン・コルテス〕は、彼を追討しにやって来た別の隊長《カピタン》〔パンフィロ・デ・ナルバエス〕を迎撃するため、海岸にある港〔ビリャ・リカ・デ・ラ・ベラクルス〕へ引き返したが、[18] その時、某隊長《カピタン》〔ペドロ・デ・アルバラード、一四八五～一五四一年〕を町に残し、思うに、モテンスマ王を監視させるために一〇〇人余りの部下を託した。そして、町に残留したスペイン人は、その地域一帯に彼らへの恐怖心をさらに煽ろうと考え、それまで以上に残忍な所業に打って出ることにした。先記のとおり、それは、スペイン人がこれまで頻繁に用いた手口であった。

メキシコ市にいたインディオや首長、それに、モテンスマ王の廷臣たちは、囚われの身となった王の心を慰めることばかりを考え、王のためにさまざまな祭りを催した。中でも、夕方になるといつも、彼らは町の通りという通りや広場という広場へくり出し、ミトテと呼ばれる伝統的な舞いや踊りを盛大に演じた。ミトテというのは、島々〔カリブ海の島々〕ではアレイトと呼ばれていたものであり、この時、インディオは全員、ありたけの晴れ着と宝石類を持ち出し、羽根飾りをつけて祭りに興じた。つまり、その祭りは、インディオが歓喜の気持ちを表す重要な行事であった。貴族や王家に連なる人たちはそれぞれ、位階に従って集結し、モテンスマ王が囚われている宮殿にできる限り近づいて、踊りまわり、祝祭を催した。宮殿にもっとも近い場所には、首長たちの子息が陣取り、その数はおよそ二〇〇〇人にものぼった。彼らは、モテンスマ王が治める帝国全体の貴族のまさしく華であり選良であった。

町に残った例の隊長《カピタン》〔ペドロ・デ・アルバラード〕は一組のスペイン人を率いて首長たちの子息が陣取っていた場所へ向かい、さらに残りのスペイン人を数組に分け、祝祭が行なわれていた町のすべての場所へ派遣した。スペイン人は祭りを見に行くふりをして、それぞれ、持ち場へ向かった。つまり、隊長《カピタン》は前もって彼らに、時が来れば、総攻撃をかけるよう命じていたのである。口火を切ったのは隊長《カピタン》であった。彼は、首長たちの子息が泥酔し、踊りに夢中になっていたころを見計らって、「突撃《サンティアゴ》」と鬨《とき》の声をあげた。すると、ス

版画 9

ペイン人は白刃を振りかざしてインディオに襲いかかり、裸同然の彼らの華奢《きゃしゃ》な身体を斬りきざみ、その高貴な血を流しはじめた。結局、彼らは首長たちの子息をひとり残らず殺害した。別の広場へ向かったスペイン人の行なったこともそれと変わらなかった（版画9）。

この事件は、ヌエバ・エスパーニャ中のすべての王国とそこに暮らしていた人びとをことごとく驚愕させ、嘆かせ、苦悩と悲しみのどん底へ突きおとした。したがって、必ずやインディオは今後この世の終末が来るときまで、あるいは、彼ら自身が全滅してしまうまでずっと、ここ〔スペイン〕でいう詩歌《ロマンセ》にあたるアレイト、つまり踊りに託して、彼らがはるか昔から誇りとしてきた高貴な血が途絶えてしまうことになったその惨禍を嘆き、歌いつづけることであろう。

インディオは、スペイン人がかつて見たこともない不当かつ残酷な仕打ちをなんの罪も犯していない大勢の無辜《むこ》の人びとに加える様子を目撃し、ついに全員が武器を手に起ち上がり、彼らに襲いかかった。実は、インディオは、彼らの至高の君主モテンスマ王が今回の事件に劣らず不正な手口で身柄を拘束されたのをじっと我慢していたのである。それというのも、王自らが彼らに、キリスト教徒に対して攻撃を加えたり、戦争を仕掛けたりしてはならないと命じていたからにほかならなかった。さて、インディオの攻撃を受けて、キリスト教徒は大勢、傷を負ったが、やっとの思いで逃げのびることができた。この時、彼らは俘囚のモテンスマ王の胸に短剣を突きつけ、回廊へ出て、インディオに向かって館への攻撃をやめ、武器を捨てて帰順するよう命じろと迫った。しかし、その時もはやインディオには、モテンスマ王の命令に従う気など毛頭なく、それどころか、彼らは別の君主、つまり、スペイン人との戦争を指揮してくれる部将を選ぼうと話しあっていた。

一方、その時すでに、港へ引き返した隊長《カピタン》〔エルナン・コルテス〕が〔パンフィロ・デ・ナルバエス麾下《きか》の追討軍相手の〕戦いに勝利を収め、キリスト教徒の軍勢を増強してメキシコ市のすぐ近くまで戻ってきていた。そのため、インディオは三、四日間、戦闘を停止し、その隊長《カピタン》が市内へ入るのを妨げなかった。そして、隊長《カピタン》が町中へ入るやいなや、その地域一帯から集結した数知れないインディオが全員手を組んで、何日もの間、激しくキリスト教徒を攻めたてた。その結果、キリスト教徒は鏖殺《おうさつ》されるのではないかと危惧し、ある夜、町を脱出することにした。しかし、インディオがそれに気づき、湖の〔堤道上の〕橋のところで大勢のキリスト教徒を殺害した(19)。前述したとおり、インディオには、このうえなく正当な大義がいくつもあったので、彼らの行なったその戦争はきわめて正当なものであり、聖なる戦いであった。道理が分かり、正義を愛する人なら誰でも、その戦争は正当なものだと主張するであろう。

やがて、キリスト教徒は態勢を立て直し、ふたたび市内で攻防戦が繰り広げられた。その時、彼らは数知れないインディオを殺害したり、大勢の偉大な首長を生きたまま火あぶりにしたりして、あの賞讃すべき素晴らしい人びとに甚大な害を加えた。

そのように、これらキリスト教徒はメキシコ市とその周辺に位置する数々の町や数多くの土地で、目に余る忌まわしい暴虐の限りを尽くしたので、メキシコから半径一〇レグアか一五レグア、あるいは二〇レグアに及ぶ地域で数限りない人びとが死に絶えた。さらに、ひきつづき、彼らの暴虐ぶりは疫病のごとく広がり、パヌコ地方を襲い、席捲し、荒廃させた。パヌコ地方は、住民の数が多いことで他の地方を圧倒していたが、そこでもふたたびキリスト教徒〔フランシスコ・デ・ガライ、ゴンサレス・デ・サンドバルなど〕は信じられないような虐殺と破壊を重ねた。その後、彼らはトゥトゥテペケ地方とイピルシンゴ地方、それからコリマ地方を次々と同じ手口で破壊したが、そのいずれの地方も、レオン王国やカスティーリャ王国よりはるかに広大であった。キリスト教徒がそれぞれの地方で行なった破壊、殺戮および残忍な所業について語るのは明らかに至難の業《わざ》であり、記すのもほとんど不可能に近く、耳にするのも辛いほどである。

さて、ここで注目しなければならないのは、キリスト教徒がいったいどのような根拠《ティトゥロ》があって、その領土へ侵入し、あの無辜《むこ》の人びとを鏖殺《おうさつ》し、真のキリスト教徒であれば、欣喜雀躍したに違いないほど、大勢の人びとがひしめき合って暮らしていたあの土地を荒れ野にしてしまったのかということである。キリスト教徒によれば、その根拠《ティトゥロ》となったのは、インディオにスペイン国王への臣従と帰順を勧め、それに従わない場合、彼らを殺したり奴隷にしたりすることになるという通達〔降伏勧告状《レケリミエント》のこと〕であった。住民たちがそのような理不尽で愚かな通達を即座に履行せず、邪悪かつ残忍で、獣と変わらない連中に身を委ねようとしなかった場合、キリスト教徒はそれを理由に、彼らを国王陛下に背く謀叛人《むほん》、反乱者と決めつけたのである。事実、キリスト教徒はそのようにわれらが君主、国王陛下に報告した。インディアスの統治を担当していた人たちは、スペインの法律に、何人《なんぴと》といえども、あらかじめ臣下の誓いをたてていなければ、謀叛人《むほん》とはならず、そう呼ばれることもないという、とりわけ明確に規定されている基本的な原則があるのを知りもしなければ、その意味も理解していない。それほど、彼らの盲目ぶりは甚だしかった。

キリスト教を奉じ、神や理性、それに人定の法について、いささかの知識でも持ちあわせている人なら、以下のことをとくと考えてみてほしい。すなわち、先祖伝来の土地で平穏に暮らし、互いに義務など負わず、土着の首長を支配者と仰いでいる人びとが突然、いままでに見聞きしたこともない見知らぬ王に服従せよ、さもなければ、ただちにずたずたに斬りきざまれることになると心得よ、という趣旨の通達を受けた時、いったいどのような思いを抱くのかということを。とりわけ、インディオはすでにそれまでの経験から、キリスト教徒が実際にそのような恐るべき所業をただちに実行するのを知っていたのだから、なおさらである。

さらに驚くべきことに、キリスト教徒は、すでに先記の通達を守って彼らに服従しているインディオさえもこのうえなく苛酷な奴隷状態に陥れている。これらのインディオは信じられないような苛酷な労働に酷使され、剣を突き立てられるよりもはるかに長々とつづく拷問に苦しめられ、最後には、彼らもその妻子も、はたまた子孫もことごとく、死に絶えてしまうのである。

そのように恐怖心を植えつけられ、威嚇されれば、あの人びと〔インディオ〕に限らず、世界のどの民族も見知らぬ国王の統治に従い、それを承認するようになるであろう。しかし、だからと言って、野心と悪魔のような強欲に心を奪われて分別を失い、盲目になった連中が正当な権利をひとかけらでも手に入れたことにはならない。それは、彼らがインディオを不安がらせたり怖がらせたりした結果にすぎないからである。キリスト教徒には、そのことが分かっていない。彼ら、すなわち、不逞で身を持ち崩した連中がみずから手に入れたと考えている権利をどれほど正当化しようとしても、それは自然の法、人定の法、神の法に照らせば、まったく無意味である。したがって、彼らに残されているのは、死後に受けるべき地獄の業火《ごうか》の罰と、さらに、神のみならず、カスティーリャ国王にも背き、莫大な損失を与えたこと、つまり、国王の領有する数多の王国を破壊し、インディアスに対する国王の権利をことごとく無効にしてしまったことに対する償いである。スペイン人が今日までずっと、歴代のカスティーリャ国王のためにあのインディアスの諸地方で行なってきた奉仕とは、とりも直さず以上のようなものであり、今もその事態に変わりはない。

さて、あの暴虐的な隊長《カピタン》〔エルナン・コルテス〕はこともあろうか、そのようにして正当とみなされた公認の根拠《ティトゥロ》にもとづいて、彼以上に残虐かつ凶暴で邪悪かつ無慈悲な二人の隊長《カピタン》〔ペドロ・デ・アルバラードとクリストバル・デ・オリ〕を南の海《マール・デル・スール》〔太平洋〕に面したグアテマラ〔グアテマラ〕王国と北の海《マール・デル・ノルテ》〔カリブ海〕に面したナコとオンドゥラス〔ホンジュラス〕、別名グアイムラ王国へ向かわせた。その二つの大きな王国はともに、隆盛をきわめ、そこには大勢の人がひしめきあって暮らし、土地も非常に豊饒であった。二つの王国は隣接し、互いにメキシコから二〇〇レグアか三〇〇レグア離れたところで国境を接していた。ひとりの隊長《カピタン》〔アルバラード〕は陸路、いまひとりの隊長《カピタン》〔オリ〕は海路をとり、それぞれ、大勢の馬兵《うまつわもの》と歩兵を従えて出発した。

その二人の隊長《カピタン》は数々の悪事を働いたが、とりわけ、グアテマラ王国へ向かった隊長《カピタン》〔アルバラード〕の所業は目に余るものがあった。というのも、いまひとりの隊長《カピタン》〔オリ〕は間もなく惨めな最期を遂げたからである。実を言えば、私は、グアティマラ王国へ侵入したその隊長《カピタン》が行なった甚だしい悪事、破壊、殺戮や殲滅《せんめつ》をはじめ、現世のみならず後世の人たちをも震撼させるような、人間業《わざ》とは思えない数多くの不正行為を掻き集めて記すこともできるし、それだけでも、浩瀚《こうかん》な書物になるであろう。なぜなら、その隊長《カピタン》は、彼が犯した忌まわしい所業と虐殺した人びとの数、それに、全滅させた土地の広さの点で、過去・現在を問わず、すべての隊長《カピタン》をはるかに凌いでいたからである。すなわち、彼の非道な振る舞いはことごとく、際限がなかったのである。

海路、船隊を組んで遠征に出た隊長《カピタン》〔リオ〕は目的地のナコとグアイムラ王国へ向かう途中、ユカタン王国で、海岸にある村々から数人のインディオが数多くの贈物を携えて出迎えたにもかかわらず、甚だしい略奪と蛮行を働き、彼らを追い払った。隊長《カピタン》は目的地へ到着すると、数人の部将と大勢の部下をあたり一帯へ派遣した。彼らは行く先々で例外なく、村や住民に対して略奪と殺戮と破壊の限りを尽くした。ことに、隊長《カピタン》に謀叛《むほん》を起こしたある人物〔ブリオネス〕は三〇〇人の兵士を従えてグアティマラ方面へ内陸深く侵入し、その途中、出くわした村をひとつ残らず破壊し、焼き払い、村人から財産と生命《いのち》を奪った。彼は一二〇レグア以上にわたりそのような所業を重ねたが、それには彼なりの思惑があった。つまり、もし彼を捕えるために追手が向けられた場合、追手にその土地が見る影もなく破壊され、住民がいないことを気づかせるためであり、また、インディオが加えられた害や破壊に対する復讐として、その追手を殺害してくれるだろうと想定していたのである。それから数日後、自分が派遣した部将〔ブリオネス〕に叛旗を翻された例の司令官《カピタン・プリンシパル》〔オリ〕は殺されてしまった。しかしその後も、大勢の残忍きわまりない無法者《ティラーノ》が跡を断たず、彼らは驚くべき殺戮や残忍な所業を重ねると同時に、インディオを奴隷にして、葡萄酒や衣服、そのほかさまざまな品物を積んでやって来た船に売りとばしたり、いつものように、虐待して苦しめたりした。

一五二四年から三五年に至るまで、スペイン人はひたすらそのような所業に耽ったので、ナコとオンドゥラス王国の諸地方は壊滅してしまった。かつてそれらの地方は心を和ませる正真正銘の楽園とも言うべきところで、世界中でもっとも人の往来が激しく、人口稠密な土地よりはるかに大勢の人びとが暮らしていた。しかし、いまから少し前、われわれはその地域を経由して〔スペインへ〕向かったとき[20]、そこがすっかり荒れはて、廃墟と化してしまっているのを実際に目撃した。その荒廃ぶりは、どれほど冷酷非情な人でも、その目で実見すれば、断腸の思いがするに違いないほどであった。この一一年間にスペイン人は二〇〇万人以上のインディオを殺害し、その結果、現在、一〇〇レグア四方余りの土地に残っているのはわずか二〇〇〇人ほどにすぎず、しかも、その生きのびた人びとも先記の奴隷状態へ追い込まれ、日々、死へ追いやられているのである。

さて、話をグアティマラ王国へ向かった札付きの無法者《ティラーノ》である例の隊長《カピタン》〔アルバラード〕に戻すと、先記のとおり、彼はその暴虐ぶりにかけては、過去のすべての無法者《ティラーノ》を上回り、また、現在インディアスにいる無法者《ティラーノ》たちと比較しても引けを取らなかった。〔その隊長《カピタン》が彼をグアティマラ王国へ派遣した総司令官《カピタン・ヘネラル》〔エルナン・コルテス〕に書き送った書簡によると〕隊長《カピタン》は先記の根拠《ティトゥロ》に基づいて、すなわち、インディオに向かって、彼らが見たこともなければ、一度も耳にしたこともないスペイン国王の名代として到来した極悪非道で残忍な連中に服従せよと通告しながら、グアティマラ王国から四〇〇レグアほど離れたメキシコ周辺の諸地方を手はじめに、行く先々で村を焼き払い、破壊し、略奪し、また、虐殺の限りを尽くした。その結果、インディオはスペイン国王のことを目の前にいる無法者《ティラーノ》たちよりはるかに邪悪かつ残忍な人物とみなすようになった。無法者《ティラーノ》たちは、その通達〔降伏勧告状《レケリミエント》〕を読みおえるかおわらないうちに、インディオに考える猶予すら与えず、襲いかかり、殺害し、火を放ったのである。

グアティマラ地方とその王国について

例の隊長《カピタン》〔ペドロ・デ・アルバラード〕はグアティマラ王国へ到着するや、侵略を開始し、まず手はじめに大勢のインディオを虐殺した。それにもかかわらず、王国全土を治める中心都市ウルタトラン〔ウタトラン、現メキシコ南部チアパス州〕に住む王国きっての大首長は輿に乗り、大勢の首長を従え、喇叭《ラッパ》と太鼓の鳴り響く中、盛大に隊長《カピタン》を出迎えた。そして、インディオは持っているものをひとつ残らずスペイン人に差し出し、とりわけ食物については過不足なく提供し、精一杯仕えた。ところが、その夜、スペイン人は、市が堅固な備えを整えていたので、市内にいると身に危険が及ぶかもしれないと判断し、郊外で夜を明かした。

夜が明けると、隊長《カピタン》は王国最大の首長をはじめ、大勢の首長に出頭を命じた。そして、彼らがおとなしい羊のように姿を現すと、隊長《カピタン》は彼らをひとり残らず捕え、大量の金を差し出すよう命じた。しかし、その土地には金がなかったので、首長たちが持っていないと答えると、隊長《カピタン》は、彼らが何の罪も犯していないのに、また裁判に必要な手続きを踏んだり、判決を下したりすることもなく、ただちに彼らを火刑に処すよう命じた。

スペイン人が王国きっての首長をはじめ位の高い首長たちを、金を差し出さなかったという、ただそれだけの理由で火あぶりにしたことを知るや、グアティマラ地方一帯にいた首長たちはこぞって、自分の治める村を捨て、山中に身を隠した。その時、首長たちは部下全員に、スペイン人のもとへ出向き、彼らを主人と崇め、仕えるよう、そして、絶対、自分たちの居場所をスペイン人に明かしてはならないと申し渡した。そういうわけで、その土地のインディオはひとり残らず、スペイン人のところへやって来て、臣下となって仕えたい旨を申し出た。しかし、このじつに慈悲深い隊長《カピタン》はインディオに向かって、部下として迎える気などさらさらないと答え、それどころか、首長たちの居場所を白状しなければ、皆殺しにされると思えと脅した。すると、インディオは、首長たちの居所については何も知らないと答え、「どうぞ、私たちだけでなく、妻や子どもも好きなように使って下さい。私たちは逃げも隠れもしないでいつも家にいますから、殺すなり、好きなようにして下さい」と申し出た。彼らはその申し出を繰りかえし伝えたが、驚くべきことに、スペイン人は村々へ闖入《ちんにゅう》し、哀れなインディオが妻子と一緒に安心して各自の仕事に勤しんでいるのを見て、その場で槍を突き刺し、ずたずたにした。

また、スペイン人一行は、数ある村の中でもとりわけ規模が大きくて豊かな村へ向かい（その村人たちはほかの村の住民たちほど用心していなかったし、何も罪を犯していないと思っていたので、安心しきっていた）、侵略を開始し、二時間ほどの間にほとんど村を壊滅状態にしてしまった。スペイン人は女性や子どもや老人までに剣を振りかざし、また、その場を逃げ出しても逃げきれなかった人びとを手当たり次第、ひとり残らず虐殺した。

インディオは、どれほど謙虚に振る舞い、大量の贈物を差し出し、我慢し、耐え忍んでも、所詮、理性とおぼしきものさえ持ちあわせていない連中、すなわち、道理に背いて彼らを斬りきざむあの非道で獣同然のスペイン人の心を和らげ、和ませることなど、とうてい無理な相談であり、自分たちもいずれは殺される運命にあるのだと悟るようになった。その結果、インディオは総力を結集し、残忍かつ極悪非道な敵に思う存分復讐し、戦場で死んでいくことに決めた。とはいえ、彼らは、自分たちが武器など持ちあわせていないばかりか、裸同然で、頼れるものとて自分たちの足しかなく、しかも、生まれついて身体がひ弱かったので、立派な武具に身を固め、馬に跨った残忍な敵を相手に戦っても、勝利を得ることなどありえず、結局は皆殺しの憂き目にあうことになるのを覚悟していた。

インディオは馬に対抗するため、ある罠を考えついた。つまり、彼らは道の中央に穴を掘り、穴に落ちた馬の腹部に突き刺さるよう、その先端を尖らせ、火に炙って固くした棒杭を穴の底に立て、さらに、穴の上には小枝や草をかぶせて、何もないように見せかけたのである。しかし、馬が罠にかかって穴に落ちたのはわずか一度か二度だけであった。スペイン人が防御策を心得たからである。それどころか、スペイン人はその仕返しにある掟を定め、捕えたインディオを全員、老若男女に関係なく、穴の中へ投げ込むことにした。そうして、スペイン人は身重の女性や産後間もない女性、それに、子どもや老人、そのほか、生け捕りにしたインディオを手当たり次第に穴の中へ投げ込み、穴はしまいには串刺しになったインディオで溢れた。ことに、母親が実の子どもと折り重なって倒れている姿は胸が引き裂かれるような光景であった。スペイン人は残りのインディオを全員、槍や剣で突き殺し、獰猛な犬に投げ与えた。すると、その犬は彼らをずたずたに引き裂いて食べてしまった(版画10)。

また、スペイン人は思いがけず首長に出くわすことがあると、名誉を汚さないためだ

版画 10

とかと言って、彼を赤々と燃える炎の中で焼き殺した。一五二四年から三〇年か三一年に至る約七年の間ずっと、彼らはそのような非道な殺戮を行ないつづけた。さてここで、スペイン人の手でこの世から抹殺された人たちの数がどれくらいに上るのか、考えてみていただきたい。

神にも見捨てられたその哀れな無法者《ティラーノ》〔ペドロ・デ・アルバラード〕とその弟たち〔ゴンサロ、ゴメスとホルヘ〕（彼らは兄に仕えた隊長《カピタン》であり、その兄弟に手を貸した他の連中ともども、兄に負けず劣らず冷酷かつ残忍な輩であった）はこのグアティマラ王国で数えきれないほど、身の毛もよだつような所業を重ねたが、中でも次に記すのはとくに注目すべき出来事である。

それはクスカタン〔クスカトラン〕地方で起きた。その無法者《ティラーノ》が向かったクスカタン地方は、現在同地方かその付近に、サン・サルバドールの町があり、非常に恵まれた土地で、南の海《マール・デル・スール》に面した海岸線が四〇レグアか五〇レグアにわたりつづいている。彼はその地方の中心都市クスカタンで、住民たちからじつに盛大な歓迎をうけ、およそ二万人か三万人のインディオが鶏や食糧を携えて彼の到着を待っていた。彼は到着してそれらの贈物を受け取ると、部下のスペイン人に向かって、その場に集まっていた大勢のインディオの中から、各自好きなだけ選んで捕えるよう命じた。それは、その土地に滞在する間、働かせたり、必要な物資を供出させたりするためであった。スペイン人はそれぞれ、一〇〇人か五〇〇人、あるいは、使役するのに十分だと思われる数のインディオを手に入れた。無辜《むこ》の小羊たちは、そうして家族が離ればなれにされたことにも耐えしのび、まるで主人となったスペイン人を崇めるかのように、精一杯、彼らに尽くした。

スペイン人がその土地へ赴いた第一の目的は金を手に入れることであったので、この隊長《カピタン》は首長たちに大量の金を差し出すよう命じた。インディオはありたけの金を喜んで差し上げましょうと答え、彼らが常用していた銅製の斧を大量に集めた。その斧は金色をしており、事実、金が少量、含まれていたので、一見、金製のように見えた。隊長《カピタン》は部下に、本当に金かどうか調べるよう命じ、銅だと判ると、部下のスペイン人に向かって言った。「こんな土地など、悪魔にくれてやれ。金がなければ、長居は無用だ。さぁ、出発するぞ。各自、使役しているそれぞれのインディオを鎖に繋ぎ、焼き印を押して奴隷にせよ」と。彼らは命令どおりできるだけ大勢のインディオを鎖に繋ぎ、全員に国王の焼き印を押して奴隷にした。私はその町きっての首長の子息にも焼印が押されたのを目撃した。

そのとき難を逃れたインディオや、付近一帯に暮らしていたほかのインディオはスペイン人が行なった甚だしい悪事を知って集結し、武装しはじめた。すると、スペイン人は彼らに夥しい害を加え、大虐殺を行なった。その後、スペイン人はグアティマラへ引き揚げ、そこに町をひとつ建設したが、その町は現存しない。神が正しい裁きを下されたのである。すなわち、その町は同時に三つの天変地異、つまり、洪水と地震、それに、一〇頭か二〇頭の牛の群れよりはるかに大きな巨石の落下事故に見舞われ、跡形もなく破壊されてしまった。

グアティマラ地方では、スペイン人は首長や戦闘能力を備えた男たちを鏖殺《おうさつ》し、そのほかのインディオをもことごとく先に記した地獄のような状態へ追い込んで酷使した。

スペイン人は彼らに貢物として奴隷を要求したが、インディオは奴隷など所有していなかったので、仕方なく息子や娘を差し出した。スペイン人はそのようにして手に入れた奴隷を船に積み込み、売り捌くため、ペルーへ送った。それ以外にも、スペイン人はこれまでに言及しなかった殺戮や破壊をつづけ、結局、土地の豊饒さと人口の稠密さにおいて、この世でもっとも恵まれた王国のひとつである、一〇〇レグア平方以上にも及ぶ広大な一王国を破壊し、見る影もなく荒廃させてしまった。この無法者《ティラーノ》自身〔アルバラード〕、その王国には、メキシコ王国〔アステカ王国〕をはるかに凌ぐ大勢の人びとが暮らしていたと報告しているが、それは真実である。一五二四年から四〇年に至る一五、六年間に、彼とその弟たちは仲間のスペイン人とともに、四〇〇万か五〇〇万を超すインディオを殺害した。そのうえ、彼らはそれに飽き足らず、今もなお、生き残っている人びとを苦しめ、殺害しつづけている。したがって、いずれ、彼らはそのほかの人びとをも死に追いやってしまうことであろう。

この無法者《ティラーノ》がいつも用いた手口は以下のとおりである。彼はどこかの村や地方を攻撃しに行く時、同士討ちをさせるために、すでに降伏してスペイン人に従っていたインディオをできるだけ大勢、連行した。そして、彼は連行したおよそ一万人か二万人のイン

版画 11

ディオには食事など与えず、その代わり、彼ら自身が捕えた敵側のインディオを食するのを許した。そういうわけで、その無法者《ティラーノ》の陣営には、人肉解体処理場のようなものがあり、そこでは、彼の立ち会いのもと、子どもは殺されて焼かれ、また、大人は殺されて、手足を切断された。人体のなかで、手足がもっとも美味だと考えられていたからである。別の地域に住むインディオはみな、人間業《わざ》とは思えないその非道な行為を耳にして、あまりの恐ろしさに、どこに身を隠せばいいのか分からなくなった(版画11)。

この無法者《ティラーノ》はまた、船を建造するために無数のインディオを酷使し、死に至らしめた。彼はインディオに、北の海《マール・デル・ノルテ》から南の海《マール・デル・スール》まで、距離にして一三〇レグアの道のりを、重さ三キンタルか四キンタル〔一キンタルはおよそ四六キログラム〕もする錨《いかり》をかつがせて運ばせた。そのため、錨《いかり》の鉤《かぎ》がインディオの背中や肩にくいこんだ。同様に、彼は何も身につけていない哀れなインディオに数多くの大砲を背負わせた。私は、大勢のインディオが疲労困憊し、道中、喘ぎながら大砲を運んでいる光景を目撃したことがある。

また、この無法者《ティラーノ》は夫婦を無理矢理引き離し、夫から妻や娘を奪い、水夫や兵士にあてがった。それというのも、彼は自分が組織した船団に水夫や兵士を同行させるために、彼らの歓心を買おうとしたのである。無法者《ティラーノ》は船にインディオを詰め込んだので、インディオは飢えと渇きに苦しめられ、全員、船内で息絶えた。もし彼の犯した極悪非道な所業をつぶさに記すとなれば、真実、それは浩瀚《こうかん》な書物となり、世の人びとをことごとく震撼させることになるであろう。

例の無法者《ティラーノ》はそれぞれ数多くの船からなる船団をふたつ組織し、それらを率いて、グアティマラ地方全域を焼き払った。それは、まるで炎が天から降り注いできたかのようであった。彼の所為で、どれほど大勢の子どもが孤児になり、親を失ったことか。どれほど大勢の夫が妻を奪われ、またどれほど大勢の妻が夫を失ったことか。どれほど多くの強姦、凌辱、暴行が犯される羽目になったことか。また、彼の所為で、どれほど大勢の人が自由を奪われ、苦しめられ、災禍を蒙ったことか。どれほど大勢の人が涙を流し、溜息をつき、苦吟したことか。さらに、どれほど大勢の人が現世では孤独を、そして来世では永劫の苦しみを味わうことになったことか。とりわけ、来世における永劫の苦しみは、なにも無数のインディオに限ったことではなく、あの哀れなキリスト教徒たちも味わうことになった。というのも、彼らはその無法者《ティラーノ》と手を組んで、甚だしい侮辱、大罪、それにこの上なく忌まわしい所業に耽ったからである。神よ、どうかその無法者《ティラーノ》にも慈悲を垂れ、最後に彼に与えられた惨めな最期〔一五四一年七月、メキシコ北部サカテカス地方で勃発したインディオの反乱を鎮圧中に戦死〕で怒りを鎮められますように。

ヌエバ・エスパーニャ、パヌコ、ハリスコについて

前述したとおり、スペイン人はヌエバ・エスパーニャの諸地方やパヌコ地方で残虐極まりない所業や殺戮、それに、これまで触れずにおいたその他さまざまな非道な行為に耽ったが、その後、一五二五年に冷酷かつ残忍な別の無法者《ティラーノ》〔ベルトラーン・ヌニョ・デ・グスマーン、生年不詳～一五五〇年〕がパヌコ地方でその跡を継いだ。彼は数多の残酷な行為を働いたうえ、人間はすべて自由であるにもかかわらず、これまでどおりの手口で大勢のインディオに焼印を押して奴隷にした。それから、その無法者《ティラーノ》は彼らを多くの船に満載し、高値で捌けるキューバ島やエスパニョーラ島へ送りだした。そうして、彼はパヌコ地方一帯を荒廃させた。そして、その島々では、牝馬一頭が理性を具えた人間であるインディオ八〇名と交換されるという事態が発生した。

その後、この無法者《ティラーノ》は〔アウディエンシアの〕長官《プレシデンテ》に任命され、聴訴官《オイドール》となった別の悪逆極まりない無法者《ティラーノ》たちとともに、メキシコ市とヌエバ・エスパーニャ全域の統治を

任された[21]。彼は聴訴官《オイドール》たちと結託して、とうてい信じられないような悪事、大罪、非道な行為、略奪、醜行を数々と重ねたので、その地域はどこも全滅の危機に曝された。神の思し召しにより、フランシスコ会の聖職者たちが彼らに抗い、また、公正かつあらゆる徳を具えた王立アウディエンシア設立の新しい勅令が発布された結果、ようやく彼らの蛮行にも終止符が打たれたが[22]、そうでなければ、連中は二年も経たないうちに、現在のエスパニョーラ島のように、このヌエバ・エスパーニャをも壊滅させてしまったことであろう。その無法者《ティラーノ》の仲間のひとりに、自分の所有する広大な農園を柵で囲うのに、八〇〇〇人ものインディオを動員した男がいたが、彼はそのインディオたちに報酬も食事も与えなかった。そのため、インディオはたちまち餓死してしまったが、彼はいっこうに気にかけなかった。

先に私がパヌコ地方を全滅させた張本人だと記したその無法者《ティラーノ》〔ヌニョ・デ・グスマーン〕は新しく立派な王立アウディエンシアが設置されるのを知るとすぐ、傍若無人に振る舞える土地を見つけるため、内陸部へ向かう決心をした。彼は自分の行李や同行するスペイン人の荷物を担がせるため、メキシコ地方から無理やり一万五〇〇〇人か二万人のインディオを徴発した。そのうち、無事にメキシコへ生還できたのは二〇〇〇人にも満たず、残りのインディオは全員、途中で死に果てた。

そうして、その無法者《ティラーノ》はメキシコから四〇レグア離れたメチョアカン〔ミチョアカン〕へ到着した。メチョアカンはもうひとつのメキシコとも言えるところで、メキシコ同様、土地は豊饒で、人口も稠密であった。その地方を治める王、つまり君主〔カツォンツィン〕は無数の人びとからなる行列を従えて彼を出迎え、いろいろと世話をし、大量の贈物を差し出した。ところが、その無法者《ティラーノ》はただちに王の身柄を拘束した。王が莫大な量の金と銀を所有していることでよく知られていたからである。彼はできるかぎり大量の財宝をせしめるため、以下のような拷問を王に加えた。まず両足に枷をはめ、身体を大の字に伸ばし、両手を棒に縛りつけ、足元には火桶を置いた。ひとりの少年が布切れで作った小さな玉、それも、油を滲みこませた玉をもち、皮膚がうまく焦げるように、ときどきその玉を王の足にこすりつけた。王の片側には、キリスト教徒を名乗る残忍な男がひとり、王の心臓をめがけて大弓を構えて立ち、別の側には非常に恐ろしい獰猛な犬を一匹連れたもうひとりの男が、犬をけしかけて、一瞬にして王の身体を八つ裂きにさせようと待ち構えていた。スペイン人は王にそのような拷問を加え、財宝の在処《ありか》を白状させようとしたのである。拷問は、フランシスコ会のある聖職者が急を聞きつけて王を彼らの手から救出

版画 12

するまで続けられ、結局、王はその拷問がもとで死んでしまった。このようにして、スペイン人は金や銀を差し出させるため、メチョアカンの諸地方にいた大勢の首長、つまり、カシーケを苦しめ、殺害した(版画12)。

ちょうどそのころ、あるひとりの無法者《ティラーノ》〔ベルナルディーノ・バスケス・デ・タピアか〕が巡察官《ビシタドール》(23)としてそのメチョアカン地方へ赴いたが、彼の目的はインディオの魂あるいは身体の健康状態を調査するのではなく、彼らの財産や土地を調べあげ、略奪することにあった。そのとき、彼はその地方に住む数人のインディオが偶像を隠し持っているのを知った。それは、もとはと言えば、哀れなスペイン人が一度も、インディオの崇める神々よりはるかに優れたひとつの神が別に存在することを彼らに教えてこなかったからである。さて、その無法者《ティラーノ》は、偶像が金か銀でできていると考えたので、首長たちを捕え、偶像を引き渡すまで、残虐かつ不当な仕打ちを加えて虐待した。彼の思惑は外れたが、当初の目的を叶えるため、彼は奪った偶像を無理やりカシーケたちに買い戻させた。カシーケたちはありたけの金や銀を残らず差し出して偶像を買い戻し、以前同様、神として崇めた。神にも見捨てられたスペイン人がインディアスで行なっている所業や示している手本、それに、神に捧げている名誉とは、実はそのようなものであった。

この札付きの無法者《ティラーノ》である隊長《カピタン》〔ヌニョ・デ・グスマーン〕はメチョアカンを後にし、ハリスコ地方へ向かった。ハリスコ地方は素晴らしいところで、巣に群がる蜜蜂のように、大勢の人がひしめきあって暮らし、住民はこのうえなく幸せな生活を送っていた。というのも、ハリスコ地方はインディアス中でもとりわけ豊饒で賞賛に値する土地のひとつだったからであり、そこには、およそ七レグアにわたり途切れることなく大勢の人が暮らしている村があった。その隊長《カピタン》が到着すると、首長たちやインディオは、インディアスのすべてのインディオ同様、数々の贈物を携え、満面に笑みを湛えて出迎えた。すると、隊長《カピタン》は、いつもどおりの、そして、インディアスにいるスペイン人が例外なく、彼らの崇める神であり目的でもある金を手に入れるために常々行なっていた非道な振る舞いや悪事に手を染めはじめた。いや、彼の振る舞いはそれ以上のものであった。つまり、その隊長《カピタン》は村々を焼き払い、カシーケたちを捕えては、拷問にかけ、さらに、捕えたインディオをことごとく奴隷にしたのである。彼は数えきれないほど大勢のインディオを鎖に繋いで連れ去り、また、産後間もない女性たちに邪悪なキリスト教徒の重い荷物を担がせた。彼女たちは苛酷な労働を強いられたうえに、食物があてがわれなかったため、飢餓に苦しみ、身体が衰弱し、幼子を連れて歩くことができなかった。その結果、彼女たちは仕方なく幼子を道端に投げ捨てた。そうして、数えきれないほどの幼児が死に絶えた(版画13)。

ある邪悪なキリスト教徒はひとりの娘を犯そうと思い、彼女を無理やり連れ去ろうとしたが、母親が娘の手を放さなかった。すると、彼は短剣か長剣を抜いて母親に襲いかかり、彼女の手を切りおとした。しかし、娘がいいなりになろうとしなかったので、彼は娘を剣でめった突きにして殺してしまった。

例の隊長《カピタン》はそのほか大勢のインディオを捕え、その中から総勢四五〇〇人ものインデ

版画 13

ィオに焼印を押して奴隷にした。彼らも(インディアスにおけるすべての人と同様に)生来、自由な人たちであるのだから、それは正義に悖《もと》る行為であった。隊長《カピタン》は、そのインディオたちが平和裡に出迎えてくれたにもかかわらず、大人の男女はもとより、未だ乳離れしていない生後一年の嬰児《えいじ》や、二歳から五歳くらいまでの幼子までも奴隷にしたのである。しかし、彼はそれ以外にも、数えきれないほどのインディオを奴隷にした。

その隊長《カピタン》は邪悪かつ極悪非道な戦争を数限りなく行ない、大勢の人びとを殺害したのち、ハリスコ地方一帯に暮らしていた人びとをいつものひどい暴虐的な奴隷状態に置いた。それは、インディアスにいるキリスト教徒の無法者《ティラーノ》なら誰もがいつもインディオに対して行なっていることであり、また、そうしようと望んでいることでもある。そのような状況下、隊長《カピタン》は、配下の執事《マヨルドモ》や手下がこぞってインディオから金や貢物をせしめるのに、前代未聞の残虐な所業や拷問を加えるのを黙認していた。執事のひとり〔ヌニョ・デ・グスマーン配下の野戦隊長ゴンサロ・ロペスか〕は絞殺したり、生きたまま火あぶりにしたり、獰猛な犬をけしかけたり、はたまた手足や首、舌までも斬りおとしたりして、平和に暮らしていた大勢のインディオを殺害した。それも、脅かしておきさえすれば、インディオは彼のために働き、金やそのほかの貢物を大量に差し出してくれるだろうという、ただそれだけの理由からであった。その札付きの無法者《ティラーノ》自身〔ヌニョ・デ・グスマーン〕、そのような非道な行為を実際に目撃し、十分に承知していたのである。彼の部下はそれだけに止まらず、日夜時を選ばず、残酷にもインディオに鞭《むち》や棒をふるい、平手打ちをくらわせ、そのほか種々さまざまな虐待を加えた。

　噂によれば、その無法者《ティラーノ》はあのハリスコ王国で八〇〇もの村を破壊し、焼き払ったらしい。それが原因で、（仲間のインディオがことごとく、残酷かつ不当な仕打ちを受けて死んでいくのを見て）絶望の余り、インディオは起ち上がり、山に身を潜め、スペイン人を数名、殺害するにいたった。それはじつに正当な理由にもとづく極めて当然な行為であった。

その後も、新参の無法者たち《ティラーノ》（バスケス・デ・コロナドら）がハリスコ王国で数々の不正と醜行を重ねた。彼らは発見事業と称しながら、実際には、破壊行為に耽るため、別の地方への遠征を企て、その途中、ハリスコ王国へ立ち寄ったのである。彼らの非道な振る舞いを知って、大勢のインディオが集結し、辺りにあるいくつかの岩山に隠れて身を守ることにした。しかし、その無法者たち《ティラーノ》はふたたびそこでも目に余るような非道な行為に耽り、無数のインディオを殺戮し、結局、その広大な地域全体を見る影もなく破壊し、荒涼とさせてしまった。

もしインディオに力と武器さえあれば、スペイン人を斬りきざみ、先祖伝来の土地から放逐したことであろう。そして、その場合、インディオ側に正当極まりない大義があり、また、実際、自然の法、神の法および人定の法に照らせば、どこから見ても、インディオ側にあらゆる正義にもとづく大義が数多くあるが、神にも見捨てられた哀れな盲目の連中、つまりスペイン人には、それが分からない。また、スペイン人はこれまでインディオに数多くの辱しめや暴虐を加え、償うことのできない大罪を犯してきたが、その時彼らが用いた大義名分や、新たに戦争を仕掛けようとして用いる大義名分がまったく不正で邪悪きわまりなく、あらゆる法に背馳《はいち》していることも理解していない。それどころか、彼らは無辜《むこ》のインディオを壊滅させて手に入れた勝利を神から授かったものと考え、実際そのように語り、書き残している。つまり、預言者ゼカリアが第一一章で「屠《ほふ》るための羊を飼え。それを買い取る者は、罪を帰せられずにそれを屠《ほふ》り、売るときは、〈主はほめたたえられよ。わたしは金持ちになった〉」〔『ゼカリア書』一一・四―五〕と語る、あの暴虐な盗賊たちと同様、スペイン人は、自分たちの行なう邪悪な戦争を正義にもとづいていると考え、不法行為に興じ、そうして、神の栄光を称え、神に感謝を捧げていると思いこんでいるのである。

ユカタン王国について

一五二六年、神にも見捨てられた別の人物〔フランシスコ・デ・モンテーホ、一四七九～一五五三年〕がユカタン王国の総督《ゴベルナドール》に任命されたが、それは国王に虚偽の報告をしたり、売名行為に励んだりした結果であった。そして、それは略奪をほしいままに行なえるような地位や任務を拝命するため、彼だけでなく、ほかの無法者《ティラーノ》たちも今日に至るまで変わることなく用いている常套手段である。

このユカタン王国には、かつて数知れない大勢の人が暮らしていた。というのも、王国がこのうえなく素晴らしい気候の土地で、そこには食物や果物がふんだんにあったからであり、しかも、その豊かさはメキシコをはるかに凌いでいた。また、ユカタン王国では、とくに蜂蜜と蠟がこれまでに発見されたインディアスのどの地方よりたくさん採れた。王国の周囲はおよそ三〇〇レグアあり、その住民はインディアスのすべての人びとの中でも、とくに分別を具え、礼儀正しく、しかも、陋習《ろうしゅう》に耽ったり罪を犯したりすることが少なく、スペイン人が崇める神のことを知るのにふさわしい能力を身につけていた。

スペイン人はその気にさえなれば、ユカタン王国に彼らの住む大きな町をいくつも建設し、（彼らがそれにふさわしい人たちであったとすればの話だが）まるで地上の楽園におけるような楽しい生活を謳歌することもできたであろう。しかし、彼らは強欲かつ冷酷で、しかも、数多くの大罪を犯していたので、かつて神がインディアスでその存在を明らかにされた他の数々の地方におけるのと同様、そのような生活を送るのに値する人たちではなかった。

先記の無法者《ティラーノ》は三〇〇人の部下を引き連れて、あの人びと、つまり、誰にも害を加えることもなく、それぞれの家屋で平和に暮らしていた善良かつ無辜《むこ》の住民たちに情け容赦のない戦争を仕掛け、無数の人たちを殺《あや》め、破壊の限りを尽くした。その土地は金を産出しなかったが、もしそうでなければ、彼は金を掘り出すためにインディオを鉱山で働かせ、絶滅させてしまったことであろう。金がなかったため、その無法者《ティラーノ》は、主イエス・キリストが自らの生命《いのち》を犠牲にして贖《あがな》われた人びとの肉体と霊魂を元手に蓄財しようと考え、殺さずにおいたインディオを全員、躊躇《ためら》うことなく奴隷にした。そして、彼は奴隷の匂いや噂につられてやって来た数多くの船にその大勢の奴隷を送り届け、船は蟻の這い出る隙間もないほど奴隷で溢れた。その時、奴隷たちは葡萄酒、オリーブ油、酢、ベーコン、衣服、馬、そのほか、無法者《ティラーノ》やその部下が必要とする品物と、彼らの判断や見積もりに従って交換された。彼は〔船でやってきたスペイン人の商人たちに〕、五〇人から一〇〇人の娘の中からこれはと思う娘をひとり選ばせ、一アローバの葡萄酒かオリーブ油か酢、もしくは一塊のベーコンと交換し、また同様に、一〇〇人か二〇〇人の中から頑健そうな少年を選ばせ、娘の場合と同じ量の品物と交換した。また、ある領主の子息とおぼしき少年が一塊のチーズと、そして、一〇〇人のインディオが馬一頭とそれぞれ、やり取りされたこともあった。一五二六年から三三年までの七年間〔原文ママ〕、その無法者《ティラーノ》はひたすらそのような所業に耽り、その土地を荒廃させ、破壊し、暮らしていた住民たちを情け容赦なく殺害しつづけた。

一五三三年、例の無法者《ティラーノ》の部下がペルーの財宝に関する噂を聞きつけてその地方を去り、ペルーへ向かったこともあって、ようやく地獄のような光景も見られなくなった。ところが、それも数日のことで、しばらくすると、彼の手先の者がふたたび目に余る悪事、つまり、強奪や奴隷狩り、それに、神を甚だしく冒瀆する行為に耽るようになった。

そして、今もなお、彼らはそのような悪行を止めようとはせず、噂によれば、かつて人びとが溢れるほど大勢暮らしていた、周囲三〇〇レグアに及ぶあの地域をほとんど壊滅させたらしい。

どれほど言葉を尽くしても、スペイン人がその地方で行なった残忍な所業の個々の事例を誰にも信じさせることも、語りつくすことも不可能であろう。したがって次に、私は思いつく二、三の事例だけを記すにとどめる。

数名の嘆かわしいスペイン人が数匹の獰猛な犬を連れてインディオを探しまわり、見つけ次第、男女を問わず、犬をけしかけていたときのことである。もはや犬から逃れられないと観念したある病身の女性は、他の仲間が蒙ったように、犬の餌食となってずたずたにされたくないと思って、縄を取りだし、連れていたわずか一歳の嬰児《えいじ》をその縄で自分の足に縛りつけ、首を吊った。しかし、時すでに遅く、犬が飛びかかり、幼子をずたずたにしてしまった。もっとも、その子どもは息絶える直前、ある修道士から洗礼を授かった(版画14)。

スペイン人がユカタン王国を立ち去る時、ひとりのスペイン人がある村か地方を治めていた首長の子息に同行を命じた。しかし、その少年は自分の土地を離れたくないと答

版画 14

えた。すると、スペイン人は「ついて来い。さもないと、両耳を斬りおとすぞ」と言って脅かした。それでも、少年は首を縦に振らなかったので、それでも、スペイン人は短剣を抜き、まず片方の耳を、そのすぐあと、残りの耳も斬りおとした。それでもなお、少年は自分の土地を離れたくないと言い張ったので、その男は冷酷な笑みを浮かべながら、まるで髪の毛を引き抜くかのように、少年の鼻を削ぎおとした。

この常軌を逸した男はある徳高い聖職者に向かって、身重の女性は奴隷として高値で売れるので、出来るだけ大勢の女性を孕ませようと努めたと、まったく恥じる気配もなく自慢げに語り、自画自賛した。

このユカタン王国でのことか、あるいは、ヌエバ・エスパーニャのある地方でのことか判然としないが、ある日、ひとりのスペイン人が数匹の犬を連れて鹿か兎を狩りに出かけた。しかし、獲物が見つからなかったので、彼はさぞかし犬が腹を空かしているだろうと思い、母親から幼子を奪い、その腕と足を短剣で斬りおとし、細かく切断して犬に分け与えた。犬がそれを食いつくすと、今度は、彼はその小さな胴体まるごと地面に放り投げ、犬の群れの餌にした。さて、ここで、スペイン人がそれらの地方でどれほど冷酷無情な所業を働いたか、なぜ彼らが神に「見捨てられたのか(24)」、また、神が自らに似せて創造し、その血で贖《あがな》われたあの人びとのことを、スペイン人がどのようにみなしているのか、とくと考えていただきたい。では次に、先記の事柄よりもはるかに劣悪な出来事について見ることにする。

　キリスト教徒を名乗る連中がこのユカタン王国で犯した数限りない前代未聞の残忍な所業は人間の想像をはるかに超えるものであったが、それはさておき、最後にぜひとも次のことだけは言っておきたい。

　極悪非道な無法者《ティラーノ》がひとり残らず、ペルーの財宝に目が眩み、なんとしてもその財宝を手に入れたいとの強い思いに駆られてユカタン王国を立ち去ったあと、フランシスコ会の神父ハコボ〔・デ・タステラ、生没年不詳。フランス生まれ〕が同じ修道会に所属する四人の聖職者とともにその王国へ向かった。それは、過去七年間にわたってスペイン人が行なってきたあの非道な人間狩りや暴虐的な殺戮から生きながらえた人びとの心を宥《なだ》め、教えを説き、主イエス・キリストのもとへ導くためであった。

　聖職者たちがそのユカタン王国へ到着したのは一五三四年のことだと思うが〔実際には一五三五年三月頃〕、彼らはそれ以前に、メキシコ地方のインディオを数名、使者としてその王国へ派遣していた。それは、王国の住民たちが、全世界の真の創造主である唯一の神のことを教えるために聖職者たちがその地に足を踏み入れるのを認めるかどうか、確かめるためであった。住民のインディオは協議を始め、繰りかえし集会を開いた。まず、インディオは、神父《パドレ》や修道士《フライレ》を名乗る人たちの正体や彼らの目的、それに、彼ら聖職者がこれまで数多くの害や暴力や不正を加えつづけたキリスト教徒とどう違うのか、その違いに関する情報を数多く収集した。結局、修道士を除いて、スペイン人は誰ひとりその地方には足を踏み入れないという条件付きで、インディオは修道士を受け入れることに決めた。聖職者たちはその条件の遵守を約束した。というのも、彼らはヌエバ・エスパーニャの副王《ビレイ》(25)〔アントニオ・デ・メンドーサ、一四九二頃～一五五二年。初代ヌエバ・エスパーニャ副王、のち第二代ペルー副王〕からそのような約束を取り交わすことについて了解を得ていたからである。つまり、聖職者たちはインディオに対し、今後、聖職者以外、スペイン人は誰ひとりその土地に立ち入らず、また、キリスト教徒から害を受けることも決してないと約束する権限を与えられていたのである。聖職者たちはいつもどおり、インディオにキリストの福音を説き、歴代のスペイン国王の聖なる意図を伝えた。インディオは、修道士が説く教えや示す手本に大いなる愛情と深い親しみを感じ、また、歴代のカスティーリャ国王についてもいろいろなことを知って喜んだ(というのも、過去七年間、インディオがカスティーリャ国王に関して、スペイン人から知らされていたのは、ひたすら彼らを虐待酷使し、土地を破壊する王だということだけだったからである)。

その結果、修道士一行がその地方に入って説教をはじめて四〇日が経過したころ、その土地の領主たちは修道士のもとへ偶像を持参し、焼却してほしいと頼み、ついで、目の中に入れても痛くないくらい可愛がっていた子どもたちを預け、教育を施してほしいと願い出るまでになった。また、領主たちは修道士のために教会や聖堂や修道院をいくつも建設した。そうして、修道士たちは別の地方に住むインディオからも、教えを説き、神および偉大なカスティーリャ国王といわれる人物について知らせに来てほしいという招きを受けるまでになった。

インディオは修道士たちに説得され、今日に至るまでインディアスでは行なわれたためしのない行動をとった。すなわち、それぞれ大勢の臣下を従え、数々の土地を治めていた一二人か一五人の領主が住民を集めて意見を徴し、全員の同意を得て、自らすすんでカスティーリャ国王に臣従し、スペイン国王である皇帝を世界の至高の君主として受け入れたのである。したがって、インディアスの数多の王国や広大な地方を破壊した無法者《ティラーノ》たちの一部の者が言っていること〔インディオがスペイン国王に自発的に臣従することはありえないという主張〕はことごとく嘘偽りである。その時、インディオは署名代わりに、記号のようなものを用いて記したが、それらは修道士たちの証言とともに、現在、私の手許にある。

しかし、修道士たちがそのようにして信仰を弘め、過去の不正な殺戮や戦争を生きのびたユカタン王国のかなりの数の人びとを全員、主イエス・キリストへ導くことに大きな喜びを感じ、その仕事に大いなる期待を抱いていたちょうどそのころ、どこからか、三〇名のスペイン人が侵入してきた。そのうち、一八名は馬に乗り、残り一二名は歩兵であった。彼らは別の地方に住むインディオから奪った大量の偶像を運びこんだ。三〇名のスペイン人を率いた隊長《カピタン》〔ロレンソ・デ・ゴドイ〕は侵入した土地を治めていた領主を呼びつけ、その偶像を引き取らせ、領土全域に分配するよう命じた。その時、隊長《カピタン》は領主に、偶像一体につき、男女を問わず、インディオをひとり、奴隷として差し出すよう、もし言うとおりにしなければ、戦争を仕掛けると言って脅迫した。領主は恐れをなし、仕方なく領土全域に偶像を分配し、臣下全員に、それを受け取り、崇めるよう命じるとともに、代わりに、男女を問わず、スペイン人に奴隷として仕えるものを差し出すよう申し渡した。インディオは怯え、二人の子どもがいれば一人を、三人の子がいれば二人を、それぞれ差し出した。そのようにして、インディオはやっとの思いで神を冒瀆するようなその取引を履行し、領主であるカシーケもキリスト教徒を名乗るスペイン人を満足させたのである。

これら、神を敬わない極悪非道な略奪者の中に、ファン・ガルシーアという名の男がいた。彼は病気に罹り、余命いくばくもなかったが、寝床の下に偶像の入った籠を二つ、隠し置いていた。彼は自分に仕えていたインディオの女性に、偶像はどれも立派なものであるから、決して鶏などと交換せず、偶像一体につき奴隷ひとりと交換するよう申し渡した。結局、ガルシーアはそれを遺言に認《したた》め、そのことばかりを気にかけながら死んだ。したがって、彼が地獄に落ちたのを疑う人はいないであろう。

さて、ここで、インディアスへ渡ったあのスペイン人がいったいどれほどキリスト教を弘めるのに尽くしたのか、彼らの信仰心とはいったいどのようなものなのか、彼らはキリスト教徒としてどのような模範を示したのか、また、彼らが神に捧げる名誉とはいったいどのようなものだったのか、すなわち、インディオに神の存在を知らせ、神を崇めさせるのに、彼らがいったいどれほどの努力を払ったのか、そして、インディオの心の中に聖なる信仰の種が蒔かれ、それが成長し、実を結んでいくことに、彼らがいったいどのような関心を抱いていたのか、とくと考えていただきたい。また、スペイン人の罪は、金でこしらえさせた二頭の子牛をイスラエルの民に崇めさせ、罪を犯させた王ヤロブアム〔『列王記』上一二・二五―三三〕の罪より軽いのかどうか、あるいは、スペイン人の罪はユダの犯した罪に匹敵するのか、それとも、それ以上に恥ずべきものなのか、判断していただきたい。スペイン人は飽くことのない黄金欲を充たすため、以前同様現在も、じつに際限なく、主イエス・キリストを売り渡し、否定しつづけている。インディアスへ渡るスペイン人の振る舞いといえば、実はそのようなものなのである。

インディオは、聖職者の約束が守られなかったことに気づいた。というのも、約束では、聖職者以外、スペイン人は誰ひとりそれらの地方に立ち入らないことになっていたし、インディオが唯一の正しい神を崇めるため、修道士たちに偶像をひとつ残らず、引き渡し、焼却するよう依頼したにもかかわらず、そのあとでスペイン人が別の地方から偶像を持って来て、彼らに売りつけようとしたからである。全土に不穏な空気が漲《みなぎ》り、インディオの憤りの矛先は修道士に向けられた。インディオは修道士たちのもとへ押しかけ、尋ねた。「なぜあなた方は、キリスト教徒はここへはやって来ないなどと約束して、私たちを騙したのですか。どうして私たちの神を焼き払ってしまったのですか。あなた方の仲間であるキリスト教徒は別の地方から、私たちが崇めていない神々を持ちこんできて、売りつけているではありませんか。私たちの崇める神々よりそちらの神々の方が立派だとでもおっしゃるのですか」と。聖職者たちは返答に窮し、インディオを宥《なだ》めるのが精一杯であった。聖職者たちは三〇名のスペイン人を探しに出かけ、彼らが加えた害を伝え、ただちにその地方から立ち去るよう求めた。しかし、スペイン人はいっこうに立ち去ろうとはせず、それどころか、悪辣にも、自分たちは修道士の命令でやって来たのだと、インディオに信じこませた。そういうことがあって、ついに、インディオは修道士たちを亡きものにする決意を固めた。

しかし、ある夜のこと、修道士たちは数名のインディオからその計画を知らされ、密かにその土地を後にした。修道士一行が立ち去ったあと、インディオは、彼らが潔白で高徳を具えた人たちであることや、スペイン人が悪事を企んだことに気づき、数名の使者を派遣し、五〇レグアほど先を行く修道士の後を追わせた。使者のインディオたちは一行に追いつき、ぜひ戻ってくれるよう懇願し、辛い思いをさせたことを詫びた。神の下僕である聖職者たちはインディオの魂を救済することに情熱を抱いていたので、使者の言葉を信じて引き返した。彼らはまるで天から舞い降りた使者のように温かくもてなされ、インディオも彼らのためによく働いた。そうして、聖職者たちはその地方に四、五カ月ほど留まった。

しかし、先記のキリスト教徒はいっこうにその土地を離れようとはしなかった。副王《ビレイ》は彼らのことを背信者と公告したりして、なんとか立ち退かせようと最大の努力を払ったが、なにぶんユカタン地方がヌエバ・エスパーニャから地理的にかなり離れているため、それも効果がなかった。また、彼らは相変わらずこれまで同様、インディオに侮辱を加えたり、攻撃を仕掛けたりしていた。その結果、聖職者たちは、早晩、インディオが彼らの悪行に耐えかねて自分たちに襲いかかることになるだろうと考え、また、とりわけ、たえずスペイン人の悪行に脅かされていては、心を落ち着けてインディオに教えを説くことも、インディオが教えを受けることもとうてい不可能であると判断し、その王国から引き上げる決心をした。

その結果、ユカタン王国はキリスト教の教えの光に照らされることも救われることもなくなり、そうして、住民たちの魂は昔と同様、無知と不幸という暗闇の中に置きざりにされた。まるで数日前に植えたばかりの植物に水を撒かないかのように、キリスト教徒は、インディオが神のことをじつに熱心に知るようになり、神を認識しはじめたとき、つまり彼らをキリスト教へ導く絶好の機会に、彼らから救いの光を奪ってしまったのである。これこそ、あの三〇名のスペイン人が手を下した犯罪行為や悪事の結果であり、取り返しのつかないことであった。

サンタ・マルタ地方について

サンタ・マルタ地方は、かつてインディオが莫大な量の金を所有していたところである。というのも、サンタ・マルタ地方およびその周辺部は金の埋蔵量が多く、インディオが金を採取する術《すべ》を身につけていたからである。そのため、一四九八年から一五四二年の現在に至るまで、数知れないほどのスペイン人無法者《ティラーノ》〔アロンソ・デ・オヘーダ、バスコ・ヌニェス・デ・バルボアなど〕がひたすらインディオから金を強奪するため、海路、このサンタ・マルタ地方へ向かい、インディオを襲い、殺害し、金を奪った。彼らは頻繁に船で往来し、その都度、甚大な害を加え、インディオを殺害し、目に余る残虐な所業を繰りかえした。とはいえ、一五二三年までは、そのような状況はだいたい海岸地方や海岸から内陸方面に数レグア入った場所に限られていた。

一五二三年、数人のスペイン人が定住を目的にサンタ・マルタへ向かった。先記のとおり、サンタ・マルタは相当な量の金を産出する土地であったので、その後も、残虐さにかけては優劣つけがたい数名の隊長《カピタン》（ロドリーゴ・デ・バスティダス、ペドロ・デ・ビリャフエルテなど）が相次いでその地方へ侵入した。隊長《カピタン》たちはそれぞれ、さながらすでに提示した法則《レグラ》が嘘偽りのない真実であることを証明するかのように、自分の方が他の誰よりもはるかに目に余る非道な仕打ちや悪行を働いているのを自慢していたそうである。

一五二九年、ある札付きの無法者《ティラーノ》（ガルシア・デ・レルマ、生年不詳～一五三二年）がかなり明確な意図をもって、大勢の部下を引き連れてサンタ・マルタ地方へ向かった。彼は神をまったく畏れず、また、人間が抱く憐憫の情をひとかけらも持ちあわせていなかった。その無法者《ティラーノ》は部下とともに、過去にサンタ・マルタ地方へ赴いた無法者《ティラーノ》をことごとく凌ぐほどの甚だしい破壊や殺戮、それに、神を神とも思わない非道な行為を働いた。彼は六年か七年の間そこに留まり、その間、部下とともに大量の財宝を略奪した。その後、彼は自宅から遁走せざるを得ない窮地に追い込まれ、結局、懺悔《ざんげ》もせずにこの世を去った。

その無法者《ティラーノ》の死後も、殺戮と強奪をこととする別の無法者《ティラーノ》が跡を絶たず、彼らは、それまでスペイン人の魔の手や残忍な刃を逃れて生きのびたインディオを根絶しに向かった。彼らは内陸奥深くへ歩を進め、広大な地方をいくつも破壊し、荒廃させ、これまでに記したのと同じ手口で、住民を殺したり、生け捕りにしたりした。彼らは首長やその臣下から金の在処《ありか》を聞き出そうと、また、もしその村に金がなければ、金を蔵している村の所在を白状させるため、苛酷な拷問を加えた。先記のとおり、その無法者《ティラーノ》たちは、彼らの犯した数々の所業の規模と内容にかけては、過去のすべてのスペイン人をはるかに凌いでいた。そうして、一五二九年から今日に至るまでの間に、彼らは、他の地方と同様、かつて大勢の人びとがひしめき合って暮らしていた四〇〇レグア以上にも及ぶあの広大無辺なサンタ・マルタ地方を荒廃させてしまった。

これも真実確かなことだが、もしサンタ・マルタ地方にあるこれらの諸王国で、スペイン人が神意に背いて、国王とあの無辜《むこ》の人びとに対して犯した数々の悪事、殺戮、破壊、不正行為、暴力沙汰、壊滅や大罪などについてこと細かく語らなければならないとすれば、私はじつに浩瀚《こうかん》な歴史書を書くことになるであろう。しかし、その仕事は、もし神が私になお生命《いのち》を授けてくださるのなら、しかるべき時がくるまで保留し、ここでは、サンタ・マルタ地方の司教〔ファン・フェルナンデス・デ・アングロ、一五三六年九月、第二代サンタ・マルタ司教に叙品。四〇年一月、インディオ保護官に任命される〕がごく最近、われらが主君、国王陛下に認《したた》めた文書の中からわずかばかりの文章を取り上げて記すに留めたい。それは、一五四一年〔実際は一五四〇年〕五月二〇日付の書翰であり、その中に以下のような文章が記されている。

「神聖なる皇帝陛下、この地方を救済する途《みち》は住民たちを邪悪な父親《パドラストロ》の手から解放し、彼ら住民には、理にかなった相応しい統治を行なう良人《マリード》を宛がうことであります。しかも、このことはできる限り速やかに実行されなければなりません。と申しますのは、さもなければ、この地域を治めているこれらの無法者《ティラーノ》が住民たちを日々、苦しめ圧迫している状況から判断しますと、瞬く間にこの地方が壊滅してしまうのは火を見るより明らかであるからであります。云々」。

さらに、その書翰には、以下のように書きつづられている。「したがいまして、この国々の住民が安心して暮らしていくためには、現在これらの地域を治めている連中は罷免されてしかるべきだと、陛下ははっきりとお認めになるでありましょう。さもなければ、思いますに、この国の人びとが患っている病気を癒す術《すべ》はございません。陛下はまた、どうしてこの地域にはキリスト教徒ではなく悪魔が、神と国王に仕える人たちではなく、神の法と国王に背く者ばかりがいるのか、その理由もお分かりになるでしょう。事実、私が好戦的なインディオを導いて平和を愛するようにしたり、平和なインディオに私たちの信仰を説いたりする時に出くわす最大の支障は、キリスト教徒が平和なインディオに苛酷で残忍な仕打ちを加えていることであります。そのようなわけで、平和なインディオも次第に扱いにくく、また、疑い深くなり、彼らにとって、キリスト教徒という名前ほど、忌まわしいものはほかにはないほどであります。この土地ではどこでも、インディオはキリスト教徒のことを彼らの言葉でヤレスと呼んでいますが、それは悪魔という意味であります。インディオの言っていることが間違っていないのは疑う余地がまったくありません。と申しますのも、キリスト教徒がこの地方で行なっていることと言えば、真のキリスト教徒や理性に従う人たちにふさわしい行動ではなく、悪魔のなせる業《わざ》であるからであります。したがいまして、インディオは、キリスト教徒が、貴賤上下を問わず、誰もが甚だしく邪悪かつ無慈悲な所業に耽るのを目の当たりにしていますから、それこそがキリスト教徒の掟であり、その掟を定めたのがキリスト教徒の神と国王であると判断するにいたっています。そういうわけですから、インディオにそのような考えを改めるよう説得するのは所詮大海を手で塞ごうとするに等しく、そのようなことをしますと、主イエス・キリストとその教えを笑いものにしたり、見下したり、愚弄したりする種をインディオに与えることになります。また、好戦的なインディオは、平和なインディオがそのように虐待されている様を知っていますから、スペイン人の手に落ちて苦しめられた挙句に殺されるより、いっそのこと討死にした方がましだと考えております。常勝の皇帝陛下、以上は、私が実際に見て知っていることでありま す、云々」。

さらに、司教は同じ章で次のようにも書きつづっている。「この地方には、陛下がお考えになっておられるよりもはるかに大勢の者が陛下に仕えていることになっております。と申しますのも、この地方にいる兵士は誰もかれもが、自分たちは陛下にお仕えしているのだなどと、なんら憚ることなく広言しているからであります。つまり、彼らによれば、陛下の臣下〔インディオ〕を襲撃、強奪、殺害、もしくは、火あぶりにするのはひとえに陛下に金を献上するためであり、そうして手に入れた金の中から、その一部が陛下の取り分として送り届けられているからです。したがいまして、まことに信仰篤き皇帝陛下、陛下が一部の者を厳しく処罰し、神に対する奉仕に反する場合、そのような奉仕をいっさい受け入れる意思のないことをお示しになるのが肝要ではないかと思う次第であります」。

上述したのはすべて、サンタ・マルタ地方の司教が認《したた》めた文章をそのまま書き写したものである。これらの文章を読めば、あの不幸な地域一帯で、また、そこに暮らしている無辜《むこ》の人びとに対して、現在どのようなことが行なわれているのか、はっきりと分かっていただけるであろう。司教は、神にも見捨てられたスペイン人の虐殺を免れるために山中へ逃げ込み、そこでひっそりと暮らしている人たちを好戦的なインディオと呼び、一方、数知れないインディオが虐殺されたのちも生き残り、すでに記したような非道かつ恐るべき奴隷状態に置かれている人たちを平和なインディオと呼んでいる。司教の言葉からも明らかなように、結局のところ、スペイン人はその平和なインディオをも破滅させ、殺害してしまうのである。実を言えば、司教が記しているのは、あのインディオが蒙っている苦難のごく一部にすぎない。

サンタ・マルタ地方のインディオがよく口にする言葉がある。それは、彼らがスペイン人から荷物を背負って山中を運ぶのを命じられたときに吐く言葉である。インディオは生来のひ弱さと苛酷な労働のために疲労困憊して途中で倒れたり、気を失ったりしたが、その時、スペイン人は起き上がらせて、息つく間もなく進ませようと、彼らを足蹴にし、棒で殴り、時には、剣の柄頭で歯を砕いたりした。そのような折、インディオは激しい苦痛に悶えながら、大きなため息をつき、胸の締めつけられるような声で、こう言ったのである。「なんてひどい人たちだ。もうこれ以上歩けない。さあ、殺して下さい。いっそ、このままここで死んでしまいたい」と。

おそらく、あのサンタ・マルタ地方の無辜《むこ》の人びとが神にも見捨てられたスペイン人から蒙っている苦痛や災禍の百分の一も説明できる人はいないであろう。神よ、願わくは、御身自ら、そのような状況を改めることができ、かつ、その義務を負っている人びとにその事実をお示しくださいますように。

カルタヘーナ地方について

このカルタヘーナ地方〔現在のコロンビア北部に位置し、カリブ海に面する〕はサンタ・マルタ地方から西へ五〇レグアほど下がったところにある。カルタヘーナ地方に接してセヌー〔シヌー〕地方があり、セヌー地方はウラバー湾まで広がり、この二つの地方の海岸線はおおよそ一〇〇レグアにも及んでいる。また、南方の内陸方面には、広大な土地が広がっている。これらの地方の住民たちもサンタ・マルタ地方の人たち同様、一四九八年か九九年から今日に至るまでずっと、奴隷売買の対象となり、苦しめられ、殺され、また、その土地も荒らされ、破壊されつくした。スペイン人たち〔ファン・デ・ラ・コサ、クリストバル・ゲッラなど〕は目に余る非道な行為や虐殺、それに強奪を働いたが、それらを逐一取り上げて、詳しく記すのは差し控えたい。というのも、この簡潔な要約をできる限り速やかに結ぶためであり、また、現在も別の地方では数々の邪悪な悪行が繰りかえされているので、そのことについて言及するためでもある。

ペルラス海岸、パリア海岸、トリニダード島について

スペイン人がパリア海岸からベネスエラ〔ベネズエラ〕湾に至る約二〇〇レグアの土地で（但しベネスエラ湾は除く）住民たちに対して行なった破壊は甚だしく目に余るものであった。彼らは住民たちの不意を襲い、できる限り大勢のインディオを生け捕りにし、奴隷として売り捌こうとした。

たいていの場合、スペイン人は友好関係を結んでインディオを安心させておいてから、彼らを捕まえた。そうして、スペイン人は信頼を裏切り、信義を踏みにじった。一方、インディオと言えば、スペイン人をまるで実の父親か子どものように温かく迎え入れ、ありたけのものやできる限りのものを差し出し、精一杯彼らの世話をした。

その海岸地方に住むこのようなインディオが一五一〇年から今日に至るまで、スペイン人から蒙った数々の不正行為、損害、悪行や残虐な仕打ちの実態や規模について、個別に記し、強調するのは容易なことではないであろう。したがって、ここでは、そのう

ちのわずか二、三の事例を述べるに留めるが、それだけでも、スペイン人がそれ以外にどれほど数多くの目に余る邪悪な所業に耽ったのか、分かっていただけるであろう。それらはいずれも、もっとも重い責め苦を受け、業火《ごうか》に苛まれるに足る振る舞いであった。

トリニダード島はシチリア島よりはるかに大きく、また、豊饒な島であり、パリア側で大陸《ティエラ・フィルメ》と接し、その住民は、インディアス中のインディオと同じように、生まれついて温厚篤実な人たちであった。

一五一六年、ひとりの略奪者〔ファン・ボノ・ケホ〕が盗みを稼業とする六〇人か七〇人の仲間を引き連れて島へ渡った。表向き、彼らはインディオに、島へ渡来したのは仲良く一緒に暮らすためだと告げた。インディオは彼らをまるで自分の愛しい人か実の息子のように温かく迎え、領主も臣下も誠心誠意、喜んでスペイン人に仕えた。インディオは一日も欠かさず、数にして二倍もの人がいてもあり余るほど、大量の食糧をスペイン人に差し出した。それはあの新世界に住むすべてのインディオに共通する本性にもとづく行為であり、彼らの度量の広さを示している。インディオは、スペイン人が必要とするものなら、もっているものをあり余るほど与えたのである。

インディオは、全員が一緒に暮らせるような大きな木造の家屋を、スペイン人の望みどおり、一棟だけ建てた。スペイン人が家屋を一棟だけ建てるよう命じたのは、思惑があったからであり、彼らは実際、その思惑どおりにことを運んだ。つまり、インディオが細長い枝か木材を編んでこしらえた壁の外側に藁を身の丈二人分ほどの高さまで、つまり、ちょうど家屋の中から外にいる人が見えなくなるくらいの高さまで縛りつけると、スペイン人は家屋の完成を急がせるふりをして、大勢のインディオをその家屋の中へ押し込んだ。それから、スペイン人は二手に分かれ、一組は外側、すなわちインディオが家屋から逃げ出すのに備え、武器を携えて家屋の周りに立ち、いま一組は家屋の中へ突入し、剣を構え、裸同然のインディオに向かって、じっとしていろ、手向かえば、殺すぞと嚇《おど》かし、彼らを縛りはじめた。インディオの中には、その場を離れようと飛び出していった者もいたが、剣でずたずたに斬りきざまれた。

首尾よく逃亡したものの傷を負った者や無事に逃げのびた者、それに、その家屋の中に入らなかったインディオは各自、弓矢を手に取り、身を守るため、別の家屋に立て籠もった。一〇〇人か二〇〇人のインディオが家屋の中へ入り、入口を守った。すると、スペイン人はその家屋に火を放ち、全員を焼き殺してしまった。彼らは手に入れた獲物、つまり、一八〇人か二〇〇人ほどのインディオを連れて船へ戻り、帆を上げ、サン・フアン島へ向かった。彼らは連れて来たインディオの半分をその島で奴隷として売り捌き、そのあと、針路をエスパニョーラ島へ向け、同じようにその島で残りの半分を売り払った。

ちょうどその時、私は当のサン・フアン島にいたので、そのような卑劣な背信行為や悪事を働いた例の隊長《カピタン》を諫めた。ところが、彼はこう抗弁した。「私の所為ではない。私は命令に従ったまでである。私は、自分を派遣した人たちから、もし戦いをしてもインディオを捕えることができなければ、騙してでも捕えて来い、と命じられていたのだ」。また、この時、その隊長《カピタン》は私に、トリニダード島でインディオから誠意溢れるもてなしを受けたので、生まれて初めて父とか母と呼べる人たちにめぐり会えたと話してくれたが、それは事実である。隊長《カピタン》は自分の犯した数々の罪にとうてい申し開きができず、その罪の重さを知って、そう告白したのである。スペイン人はあの大陸《ティエラ・フィルメ》でも同じことを数限りなく繰りかえし、インディオを安心させておいてから欺いて奪ったり、捕えたりしていた。このような行為がいったいどのようなものなのか、すなわち、そのような方法で捕えたインディオを奴隷にするのが果たして正義に適っているのかどうか、とくと考えていただきたい。

現在でもなお、インディアスでは、住民たちは相変わらずキリストの教えの光に照らされることも救われることもない状況に置かれているが、かつて彼らの霊魂を救うために、私の所属するドミニコ会の修道士たちが彼らに教えを説き、改宗を勧めに行くことになった。彼らはまず、神学に精通した有徳かつ高潔な聖職者一名〔フランシスコ・デ・コルドバ〕と平修士一名〔ファン・ガルセス〕を派遣した。彼らはその二人の聖職者に現地を調査し、住民たちと交わり、修道院を建設するのにふさわしい場所を探すよう依頼した。

二人の聖職者は到着すると、まるで天から舞い降りた使者のようにインディオから心のこもった出迎えを受けた。当時、二人はインディオの言葉が理解できなかったので、話しかけるよりも、身ぶり手ぶりでなんとか自分たちの考えを理解させようと努力した。すると、インディオは彼らの話に熱心に、注意深く、また、喜々として耳を傾けた。二人の聖職者を乗せてきた船が去ったあと、一隻の船が到来した。その船に乗ってきたスペイン人はいつもの極悪非道な手口を用いて、聖職者たちに気づかれないよう、その土地を治めるドン・アロンソという名の首長を騙して連れ去った。ドン・アロンソという名前は、修道士か、修道士以外のスペイン人がつけたのであろう。というのも、インディオはキリスト教徒の名前を気に入っており、とてもその名前をつけたがるからであり、彼らは洗礼を受けるのに必要な知識をまったく身につけていない時でさえ、キリスト教徒の名前をつけてほしいと頼んでくる。

さて、ことの次第は次のとおりである。スペイン人はドン・アロンソを騙し、船内で祝宴を催すから妻と数名のインディオを連れて船内へ入って来るよう誘った。結局、一七名のインディオが首長夫妻ともどもその誘いに乗り、船に乗り込んだ。その時、インディオは村には修道士たちがいたので、彼らがいるかぎり、スペイン人は悪事を働かないだろうと信じきっていた。そうでもなければ、インディオがスペイン人を信用するはずはなかったであろう。しかし、インディオが乗船するやいなや、裏切者のスペイン人は帆を上げ、エスパニョーラ島へ針路を向け、その島で、インディオを奴隷として売り払ったのである。

その土地の住民は全員、首長夫妻が拉致されたのを知ると、修道士たちのもとへ押しかけ、彼らを手にかけようとした。修道士たちは、スペイン人の犯した甚だしい悪行を知り、苦悶の余り自ら生命《いのち》を断とうと考えた。これは信じるに足ることだが、修道士たちは、そのような不正が行なわれるくらいなら、自らの生命《いのち》を捧げる方がましだと考えたのである。そうすれば、ことに、インディオが神の御言葉に耳を貸さなくなったり、信じなくなったりする事態を防ぐことができたからである。修道士たちは精一杯、インディオを宥《なだ》め、今後その土地へ立ち寄る船があれば、その船に託してエスパニョーラ島へ手紙を送り届けることと、首長ならびに首長につき従ったインディオたちを彼らのもとへ送還させることを約束した。

神は、インディアスの統治を担っていた役人が犯した罪の大きさをいっそう明らかにしようと、すぐさまその付近へ船を遣わされた。修道士たちは、エスパニョーラ島にいる聖職者たちにあてて書翰を認《したた》め、その船に託した。彼らはその後も繰りかえし訴え、抗議したが、聴訴官《オイドール》たちはいっこうに例のスペイン人たちを裁判にかけようとはしなかった。なぜなら、聴訴官《オイドール》たち自身、無法者《ティラーノ》たちが邪悪かつ不正に捕えてきたインディオの一部を分け前として受け取っていたからである。先記の二人の聖職者（フランシスコ・デ・コルドバとファン・ガルセス）は、四カ月も経てば、首長のドン・アロンソが仲間のインディオを連れて必ず戻ってくると、その土地のインディオに約束していた。しかし、聖職者たちは、四カ月どころか八カ月が経っても、ドン・アロンソらが帰って来ないのを知り、とうとう死ぬ覚悟を決めた。彼らはこの地へ赴任する前にすでに、主イエス・キリストに生命《いのち》を捧げることを誓ってきたが、今こそ、その時だと決意したのである。そして、インディオは聖職者たちを手にかけ、復讐を遂げた。たとえその二人の聖職者自身は清廉潔白であったにせよ、それは正当な行為であった。というのも、インディオはスペイン人の背信行為を聖職者たちの所為だと考え、また、四カ月経っても、聖職者たちが保証し、約束したことが守られないのを知ったからである。また、その時まで、当時、インディオは、修道士なる者がその地域一帯で跳梁跋扈《ちょうりょうばっこ》するスペイン人の無法者《ティラーノ》や盗賊や略奪者らとは異なる人たちであるのをまったく知らなかったからでもある。しかも、その状況は今に至るまで変わっていない。

そうして、至福を授かった修道士たちは不当な苦しみを受けた。したがって、われらの聖なる信仰に照らせば、彼らが真の殉教者であり、今や、神とともに天国におられ、至福を授かっているのはまったく疑う余地がない。それというのも、彼ら修道士は服従の誓いを立ててその地方へ赴き、聖なる信仰の弘布とインディオの救霊を目指し、さらに十字架に架けられた主イエス・キリストの名のもと、あらゆる苦難と死に耐える覚悟をしていたからである。

またある時、邪悪なキリスト教徒が目に余る暴虐と忌まわしい所業を重ねたため、インディオがドミニコ会に所属する二人の修道士とフランシスコ会に所属する修道士を一名、殺害するという事件が起きた。私はその事件の証人である(26)。つまり、私は奇跡的にその修道士たちと同じ運命に遭わずにすんだのである。この件については語らなければならないことが山ほどあり、ことの重大さとあまりの恐ろしさに、人びとは震撼するであろう。しかし、語れば長くなるので、ここでは触れずにおき、しかるべき時が来るまで、つまり、神の最後の審判が下り、ことが明らかになる日まで、保留にしておきたい。その時、神は、キリスト教徒という名の連中が今もなおインディアスで行ないつづけている身の毛もよだつような忌まわしい暴挙に復讐なさることであろう。

　これらの地方にコデラという名前の岬があり、そこには、イゴロトという名の首長の治める村があった。イゴロトというのがその首長の個人名なのか、それとも、代々の首長につけられた共通の名前なのかは判然としない。イゴロトはじつに善良な首長であり、その臣下もみな、高潔な人たちであったので、海路、その村へ立ち寄ったスペイン人は例外なく、そこで健康を取り戻し、食べ物を手に入れ、疲れを癒し、寛ぎ、英気を養うことができた。首長イゴロトは幾度となく餓死寸前の大勢のキリスト教徒に救いの手を差しのべ、元気づけ、彼らをキリスト教徒の町があるペルラス島〔マルガリータ島〕へ無事に送り届けた。実を言えば、イゴロトに助けられたキリスト教徒たちは、別の数々の地方で劫掠《ごうりやく》や数多くの圧制や悪事を働いた挙句、餓死寸前にその村へ逃げのびて来たのである。イゴロトはその気にさえなれば、誰にも知られずに彼らを葬り去ることもできたであろうが、そうはしなかった。そういうことがあって、結局、キリスト教徒はこぞって、イゴロトの村を万人の宿、館と呼ぶようになった。

しかし、インディオが安心しきっているのを利用して、神に見放されたあるひとりの無法者《ティラーノ》がその村を襲撃しようと決めた。彼は一隻の船を率いて村へ向かい、大勢のインディオに乗船するよう誘った。村のインディオは船に乗るのに慣れていたし、他人を疑うことなどなかったからである。大勢の男女や子どもが船に乗り込むと、その無法者《ティラーノ》は時を移さず帆を上げ、サン・ファン島へ向かい、そこで全員を奴隷として売り払った。ちょうどその時、私はサン・ファン島に到着し、その無法者《ティラーノ》と顔を合わせ、その場で彼の所業を知った。そのようにして、彼はイゴロトの村を全滅させてしまった。その結果、海岸地方一帯で略奪と襲撃に明け暮れていた無法者《ティラーノ》たちは全員、ことの次第を知って断腸の思いに駆られた。彼らはまるで自宅にいるように、心安らかに過ごせる避難所でもあり宿でもある村を失ってしまったので、その無法者《ティラーノ》が犯した驚くべき所業を憎んだ。

もう一度言っておくが、このようにして、スペイン人がそれらの地方で以前同様今日現在もなお犯しつづけている数知れない悪行や惹き起こしている血も凍るような事件に関しては、述べるのを差し控える。

スペイン人は、かつて大勢のインディオがひしめきあうように暮らしていた海岸地方一帯から二〇〇万人以上の住民を奪い、エスパニョーラ島やサン・ファアン島へ連行した。そして、彼らはそのインディオたちを鉱山労働やそのほかの仕事に酷使し、挙句の果て、全員を殺してしまった。先に挙げたその二〇〇万という数の中には、すでに記したように、かつてエスパニョーラ島とサン・ファアン島にいた大多数のインディオは含まれていない。このうえなく素晴らしいあの海岸地方一帯が人影もなくひっそりとしてしまっている光景を目にすると、じつに悲しく、胸の引き裂かれる思いがする。

次に記すことも容易に確認できる真実である。スペイン人は生け捕りにする際に大勢のインディオの生命《いのち》を奪ったが、先記のとおり、拉致したり、強奪したりして手に入れたインディオを船に詰めこんで輸送した。そして、そのうちの三分の一は必ず航海途中で死に絶えたので、彼らはその死体を海中へ投棄した。このような事態が発生した原因はと言えば、スペイン人が彼らの目的を達成するのに大勢の人を必要としたからであり、出来るかぎり大勢の奴隷を売却して、できるだけ多くの財貨を手に入れようとしたからである。また、船主《アルマドール》と称する無法者《ティラーノ》たちができるだけ出費を抑えようと、ほんのわずかな食糧と飲料水しか積みこまず、それも略奪を任務として船に乗り込んだスペイン人たちを辛うじて賄うぐらいの量であったから、哀れなインディオには、口にするものなどまったくなかったからでもある。その結果、インディオは飢えと渇きに苦しんで死に絶え、スペイン人は仕方なく死体を海へ投棄したのである。実際、彼らの仲間のひとりが私に語った話によれば、そのようにしてスペイン人が甚大な害を与えたルカーヨ諸島〔バハマ諸島〕から六〇ないしは七〇レグア離れたエスパニョーラ島まで、羅針盤や海図もなしに、海中に投げ捨てられて波間に漂っているインディオの死体だけを頼りに航海した船があったらしい。

スペイン人は奴隷を売却する目当ての島へ着くとすぐ、彼らを船から降ろしたが、慈悲の心をひとかけらでも持ちあわせている人であれば、何も身に纏《まと》わず、飢えで痩せ細った身体の人たちを目にすれば、胸の引き裂かれる思いがするに違いない。インディオは空腹のために、老若男女を問わず、気を失ってその場に倒れこんでしまった。その後、スペイン人はまるで小羊たちを扱うように、親と子、夫と妻を無理やり引き離し、一〇人から二〇人のインディオを一まとめにして数組つくり、まず神にも見放された例の船主《アルマドール》たちが、つづいて、何の心配もなく暮らしていたインディオを生け捕りにしたり略奪したりしに行った無法者《ティラーノ》たちがそれぞれ、分け前に与《あずか》るために籤《くじ》をひいた。船主《アルマドール》とは、二、三隻の船からなる船団を編成するのに必要な資金を融通する輩のことである。老人や病人がいる組の籤《くじ》をひいた船主《アルマドール》は籤運のいい船主《アルマドール》に向かって言った。「畜生。こんな老いぼれ、悪魔にくれてやる。どうしてこんな奴をもらわなきゃいけないんだ。埋葬してやれとでもいうのか。それに、この病人だ。なんの因果でこの死に損ないを連れて行かねばならないんだ。まったく、手当てでもしろというのか」と。ここで、スペイン人がインディオのことをどのように考えているのか、また、彼らが隣人愛という、律法および預言者たち〔モーセ、エリヤ、イザヤ、エレミア、エゼキエル、ダニエルなど〕が拠りどころとしている神の掟を守っているのかどうか、とくと考えていただきたい。

さて、スペイン人が嫌がるインディオを無理やり真珠採取に使役する際に行なう圧制はこの世でもっとも残酷かつ忌まわしいもののひとつである。確かに、鉱山で金を採掘する作業も同じようにこの上なく苛酷で辛いものだが、今の時代、真珠採取と比較できるような凄惨かつ絶望的な作業はほかにはない。

真珠採りのインディオは海中を三、四、ときには五ブラーサ〔一ブラーサは約一・六七センチメートル〕の深さまで潜らされ、しかも、それは日の出から日没までつづき、その間ずっと、息もせずに泳ぎまわり、真珠が育つ母貝を引きはがすのである。そして、彼らが小さな網に貝をいっぱい入れて海面に浮き上がり、一息つこうとすると、そこには冷酷なスペイン人がカヌーか小舟に乗って待ち構えており、彼らは、インディオが少しでも長く休息をとると、殴りつけ、ふたたび貝を採りに行くよう、髪の毛をつかみ、海中へ潜らせる。そのインディオの食べ物と言えば、魚、それも真珠を体内に宿している魚、それに、カサビ〔キャッサバもしくはタピオカとも〕のパンとわずかな玉蜀黍《とうもろこし》のパン（これら二つはその土地のパンである）くらいで、カサビのパンはあまり栄養がなく、玉蜀黍《とうもろこし》のパンも作るのが面倒なので、結局、インディオの空腹が満たされることは一度もなかった。夜になると、スペイン人は逃亡よけのために、彼らに足枷をはめ、地面に寝かせた。インディオが真珠貝を採りに海に潜ったまま、二度と浮き上がってこないこともよくある（というのも、海中には人間を丸ごと呑み込んでしまう残虐きわまりない二つの海獣、つまり、サメとマラホ〔全長一八〇センチメートルに達する大型のオニカマス。サメよりも危険な魚と考えられている〕がいて、彼らを食い殺してしまうからである）。

さてここで、そうして手に入れた真珠をもとに不正な利益をあげているスペイン人がはたして神と隣人への愛を命じた神聖な掟を守っているのかどうか、考えていただきたい。彼らはひたすら自分の欲望を満たすために、隣人を肉体的な死だけでなく霊魂の死という危険に曝しているのである。というのも、インディオは信仰によって救われることも、秘蹟を授かることもなく、死に絶えているからである。しかもそのうえ、スペイン人は毎日、インディオにそのような恐るべき労働を強制して、わずか数日のうちに彼らの生命《いのち》を奪っている。人間は息もせずに水中で長い間生きることはできないし、ことに、冷たい水に浸っていると、身体は冷えきってしまう。そういうわけで、長い間呼吸もせず、ずっと潜っていなければならないインディオは例外なく、胸を圧迫されて吐血し、また、身体が冷えきって下痢を起こし、結局、それが原因で死んでしまうのである。彼らは生まれつき黒い髪をしているが、その髪の毛も変色し、海豹《あざらし》の体毛のように赤く焼け、背中には硝石のような発疹ができ、彼らはまさに人間の形をした化物か、まったく別の生き物にしか見えない姿になる。

スペイン人が真珠採取というこの儲け仕事に気づきはじめたころ、ペルラス島には、ルカーヨ人がいたが、スペイン人は彼らをことごとく、その耐えがたい労働、正確にいえば、地獄のような仕事で死へ追いやった。その当時、ルカーヨ人は泳ぎの名手だったから、ひとりにつき、五〇カステリャーノか一〇〇カステリャーノで公然と売買されていた。司直たち自身、表向きはインディオの売買を禁止していたが、裏では不正を犯していた。ペルラス島には、他の地方や地域から、数えきれないほど大勢のインディオが連行されたが、彼らもまた、そこで生命《いのち》を奪われたのである。

ユヤパリ川について

ユヤパリという名の川がパリア地方を内陸方面へえんえん二〇〇レグア以上にわたって流れている。一五二九年、神にも見放された哀れなひとりの無法者《ティラーノ》〔ディエゴ・デ・オルダス、一四八〇頃〜一五三二年〕が四〇〇人かそれ以上の部下を率いてユヤパリ川をかなりの距離にわたって遡行した。この時、彼は大勢の無辜《むこ》の住民を生きたまま火あぶりにしたり、剣を突き刺したりして大虐殺を行なったが、そのインディオたちは誰にも害を加えることもなく、先祖伝来の土地や家屋で安心して暮らしていたのである。その無法者《ティラーノ》はじつに広大な地域を焼き払い、住民たちを怯えさせ、根絶やしにした。そして、結局、彼は惨めな最期を遂げ、部下たちも四散した。その後も引きつづき、別の無法者《ティラーノ》たち〔アロンソ・デ・エレーラ、アルバロ・オルダス、ヘロニモ・オルダスなど〕が同じような悪行と暴虐を繰りかえした。そして、今でもなお、ユヤパリ川の流域では、無法者《ティラーノ》たちが、神の子イエスが自らの血で贖《あがな》われた人びとを破滅させ、殺戮し、地獄へと追いやっている。

ベネスエラ王国について

一五二六年、われらが主君、国王陛下〔カルロス一世〕は、アレマーニャ〔以下、ドイツと表記〕の商人たち〔ドイツ南部アウグスブルクのヴェルザー商会など〕と協約《カピトゥラシオン》と合意書《コンシエルト》すなわち契約《アシエント》を交わし、スペイン全土よりはるかに広大なベネスエラ王国の統治権と司法権を譲与したが(27)、それは国王が虚偽の報告や悪意に満ちた説得を受けた結果であった。すなわち、あのインディアスの地において、神をはじめ、住民たちが物心両面にわたって蒙っている害や破滅の実態は陛下には知られないよう、いつもいろいろと隠蔽工作が行なわれていたのである。

ドイツの商人たちは三〇〇人かそれ以上の部下を率いて、じつにおとなしい羊のような住民が暮らしていたベネスエラ王国へ侵入した。インディアス中のどのインディオもスペイン人の攻撃を受けるまではじつに従順であったが、とりわけベネスエラ王国のインディオの穏和な性格は群を抜いていた。思うに、ドイツ人はこれまでに記したどの無法者《ティラーノ》とも比較できないほど冷酷な手口で、また、血に飢えた虎や獰猛な狼やライオンをも凌ぐほど、凶暴かつ凄まじい勢いで、その地方を侵略した。それは、彼らが以前のどの無法者《ティラーノ》よりも、大きな野心を抱き、強欲の余り目が眩み、そのうえ、金銀を手に入れたり略奪したりするのにじつに巧妙な方法や策略を考えだしたからである。ドイツ人は神と国王に対する畏怖心や人びとに備わっている人間としての羞恥心を捨て去り、自分がいずれは死ぬ運命にある人間であることすら忘れてしまった。それというのも、彼らはその地方一帯の司法権をことごとく手中に収めていたので、誰に遠慮することもなく自由に振る舞えると思いこんだからである。

これら悪魔の化身は四〇〇レグア以上にわたり豊饒な土地を荒廃させ、破壊し、寂れさせてしまった。かつてそこには、素晴らしい広大な地方や広さ四〇レグアにも及ぶ盆地や風光明媚な地域、それに、人口が稠密で、金の豊富な集落がいくつもあった。彼らドイツ人はさまざまな優れた民族集団を鏖殺《おうさつ》し、滅ぼし、数多くのインディオの言語をも消滅させてしまった。すなわち、見たこともない恐ろしい刃を逃れて洞窟や奥地に身を潜めた一部のインディオを除き、それらの言葉を話す人たちがこの地上からいなくなってしまったのである。さらに、ドイツ人は過去に見たこともない、じつに邪悪かつ無慈悲な拷問を次々と考案し、思うに、四〇〇万人か五〇〇万人以上の無辜《むこ》のインディオを殺害し、破滅させ、地獄へ追いやった。しかも、その状況は今日この時も依然として変わりがない。彼らが以前同様現在もなお犯しつづけている数えきれないほどの甚だしい不正行為や侮辱的な仕打ちおよび破壊活動の中から、ここではわずか三つか四つの例を記すに留めよう。そうすれば、連中が先に記した甚だしい破壊や略奪を実行するにあたり、どのような所業に及んだのか、おのずと理解していただけるであろう。

ドイツ人はベネスエラ地方一帯を治めていた最高の首長を捕え、さまざまな拷問にかけたが、その理由は金を手に入れることしかなかった。しかし、首長は首尾よく縛を解いてその場を抜け出し、山中へ逃げ込み、挙措を失った。その土地の住民たちも全員、震え上がり、恐ろしくなって山中や荒れ野に身を隠した。すると、彼らを探し出すために、〔ドイツ人配下の〕スペイン人たちが山へ侵入し、彼らはインディオを見つけると手当たり次第に虐殺した。また、彼らは生け捕りにしたインディオをことごとく奴隷にし、公然と競売に付した。

その地に暮らしていたインディオは、先記の首長が捕えられるまでは、スペイン人が到着すると、たいてい、いや、いつでも、歌や踊りを演じ、莫大な量の金の贈り物を携えて彼らを出迎えていた。ところが、スペイン人がそのようなインディオに行なった返礼とは、その地方一帯に恐怖の種を蒔くため、彼らを剣にかけ、ずたずたに斬りきざむことであった。

かつて次のようなこともあった。スペイン人はインディオから先記のような出迎えを受けた時、隊長《カピタン》であるドイツ人の無法者《ティラーノ》（スペイン語名アンブロシオ・アルフィンヘル、生年不詳～一五三三年）の命令に従い、大勢のインディオを藁造りの大きな家屋に閉じ込め、ずたずたに斬り殺した。その時、家の上部に梁《はり》が数本、渡してあったので、大勢のインディオが無慈悲で獣同然の連中の血なまぐさい手や刃から逃れようと、そこへよじ登った。すると、その冷酷な隊長《カピタン》は家屋に火をつけるよう命じ、そうして、その場に居合わせたインディオを全員、焼き殺した。その結果、数多くの村が荒れはて、インディオはこぞって山岳地帯へ逃げ込んだ。なぜならインディオは、そこにいれば、安全だと考えたからである。

無法者《ティラーノ》たちはサンタ・マルタ王国に隣接する別の大きな地方へ到着し、家や村や畑でのんびりと仕事に励んでいるインディオたちと出会った。彼らは、インディオが額に汗水流して手に入れた実りを奪って食べながら、長い期間、インディオと起居を共にした。その間、インディオは、まるで無法者《ティラーノ》たちから生命《いのち》や救いが与えられると信じているかのように、誠心誠意、彼らのために働き、忍び難い不断の圧迫やいつもの執拗な要求にもじっと耐え忍んだ。あるスペイン人の大食漢は、インディオの一〇人家族が優に一カ月暮らせるほどの食糧をわずか一日で平らげてしまった。同じころ、インディオは自らすすんで大量の金を差し出すなど、測り知れないほど親切にスペイン人をもてなした。

やがて無法者《ティラーノ》たちがその地方を立ち去ることにした時、彼らは次のような方法で長い間逗留させてもらったことに対する代価を払うことにした。例の無法者《ティラーノ》のドイツ人総督《ゴベルナドール》(思うに、彼は異端である。というのも、彼は自らがミサに与《あずか》らなかっただけでなく、大勢の人にもそれを許さなかったからであり、また、それ以外にも、彼をルター派の人物とみなすに足る証拠が数々あるからでもある)はインディオとその妻子をできるだけ大勢捕えるよう命じた。そして、部下たちは捕えたインディオを、そのために特別に作っておいた広い囲い場か木柵の中へ閉じ込めた。そうしておいて、邪悪な総督《ゴベルナドール》はインディオに、そこから出て自由になりたい者は自らすすんで申し出なければならず、その際、インディオ一人につき、また、その妻や子どもについても一人あたり、彼の決める一定量の金を身代金として差し出さなければならないと伝えた。そのうえ、総督《ゴベルナドール》はインディオをさらに苦しめようと考え、要求した身代金を持参するまで、食事を与えてはならないと部下に命じた。大勢のインディオが自分の家へ金を取りに行かせ、そうして、それぞれ、ありたけの金を差し出し、自由を取り戻した。解放されたインディオは一目散に畑や家へ戻り、自分たちの食べ物を作りはじめた。

ところが、例の無法者《ティラーノ》はそうして一度自由の身となった哀れなインディオをふたたび捕えるために、窃盗と略奪をこととするスペイン人を数名、村へ派遣した。彼らは捕えたインディオを元の囲い場へ連れ戻し、ふたたび身請けされるまで、飢えと渇きの苦しみを味わわせた。そのような目に遭った大勢のインディオの中には、二度も三度も捕まっては、その都度身請けさせられた者もいれば、蓄えた金をすでに残らず差し出したため、もはやそれも叶わず、まったく身代金のない者もいた。すると、無法者《ティラーノ》はそのインディオたちを囲い場の中にずっと閉じ込めたので、彼らは餓死してしまった。

このようにして、その無法者は広さ四〇レグアの盆地が位置する人口稠密で金の豊かな地方を破壊し、人の住まない荒涼とした土地にしてしまい、そこにあった一〇〇〇軒もの家屋が建ち並ぶ集落を焼き払った。

この極悪非道な無法者《ティラーノ》は内陸方面に生き地獄のようなペルーを発見したいという野望と貪欲に駆られて、奥地へ進軍する決心をした。彼とその部下たちはこの不幸な遠征に無数のインディオを連行した。彼らインディオは鎖で数珠繋ぎにされ、重さ三、四アローバの荷物を背負わされた。空腹と苛酷な労働、それに、生来の華奢《きゃしゃ》な体格のために、疲労困憊して歩けなくなったり、気を失ったりするインディオがいると、スペイン人は、いちいち行軍を止めて、倒れたインディオの前を鎖に繋がれて歩いていたインディオたちの首枷を外すのが面倒なので、すぐさま、そのインディオの首枷の辺りを斬りつけ、首を切断した。すると、首と胴体がそれぞれ別の方向へころげ落ちた。そして、スペイン人は、倒れたインディオが担いでいた荷物を振り分けて別のインディオたちの荷物の上に載せた。

このペルー遠征の途中、その無法者《ティラーノ》はいくつもの地方を荒廃させ、また、家屋がすべて藁造りであったことにもよるが、数々の町や村を焼き払い、住民たちを虐殺した。とりわけ、彼の犯した殺戮ぶりは残虐非道なものであった。それらは詳細に述べてみても、とうてい信じてもらえないほどのものであり、いずれも身の毛もよだつような出来事であり、正真正銘の事実なのである。

その後、例のドイツ人無法者《ティラーノ》が通った道を辿って、数人の無法者《ティラーノ》がベネスエラから、また、別の無法者《ティラーノ》たちがサンタ・マルタ地方からそれぞれ、ともにペルーのあの黄金の神殿を発見するというまことに立派な意図をもってその地方へ向かった。その時、彼らが目にしたのは、先記のとおり、かつて大勢の人が暮らし、とても豊饒であった二〇〇レグア以上にも及ぶ広さの地域がもはや焦土と化し、人影のない荒れはてた姿であった。彼らも同じく暴虐的で残忍な連中だったが、それでも、その無法者《ティラーノ》が行く先々で残した痕跡、すなわち、あまりにも痛ましい破壊の様子に非常に驚き、震え上がった。

これまでに記した出来事はひとつ残らず、インディアス枢機会議(28)の検事《フィスカール》が大勢の証人を得て確認したことであり、その証拠資料は現在、同枢機会議に保管されている。それでも、これまでに邪悪な無法者《ティラーノ》がひとりでも火刑に処されたことは一度もなかった。しかも、その資料で立証されている事例は、あの無法者《ティラーノ》たちが実際に手を下した甚だしい破壊や悪事と比べれば、九牛の一毛にすぎないのである。というのも、今日までずっと、インディアスにおいて司法を管轄する役人がこぞって無知蒙昧で、インディアスにいるすべての無法者《ティラーノ》が以前同様現在も行ないつづけている犯罪や破壊や虐殺についてまったく調べようともせず、ただ誰某がインディオに残忍な仕打ちを加えたため、陛下は何千カステリャーノの収入を失われた、といった類の報告だけでこと足れりとしているからである。そして、その結論を導くのに、役人は取り立てて証拠などを必要とせず、ただ一般的な漠然とした証拠らしきものさえあれば、それで十分なのである。しかも、その場合でも、彼らは調査の仕方や調査結果に対する対処と評価の方法も知らない。したがって、もし役人が神と国王に対する義務を履行していたら、ドイツ人の無法者《ティラーノ》たちが国王から三〇〇万カステリャーノを超える金を奪いとったという事実を発見したことであろう。（先記のとおり）ドイツ人の無法者《ティラーノ》たちが四〇〇レグア以上にわたって破壊し、荒廃させ、全滅させたベネスエラの数々の地方は世界でももっとも金が豊富で、人口の稠密な地域であったからである。

スペインの歴代国王は、神と国王の敵であるあの無法者《ティラーノ》たちがその地方を破壊しはじめてから一六年の間に、実はベネスエラ王国から二〇〇万カステリャーノを超える収入を手に入れられたはずだが、彼らの所為で、その莫大な収入をふいにし、失われてしまった。その損失は、もし神の奇跡により、無法者たちに殺された何百万もの人びとの生命《いのち》が甦らなければ、今後世が果てるまで、取り戻せる望みは皆無である。とは言え、その損失は、国王が蒙られた現世の害にすぎない。いったい神とその掟に対して、いかなる、また、どれほどの害、不名誉、冒瀆、恥辱が加えられたことか、また、獣同然のあのドイツ人無法者《ティラーノ》たちの貪欲ぶりと非道さのために地獄の業火《ごうか》に苛まれているあの数限りない人びとにいったいどのような償いができるのか、とくと考えてみるがよい。

最後に、その無法者《ティラーノ》たちが犯した卑劣かつ無慈悲な所業を付記して結びにしたい。彼らは、この地へ侵入してから今日に至る一六年間ずっと、インディオを満載した船を数多く、サンタ・マルタ、エスパニョーラ島、ジャマイカ島、サン・フアン島へ送り出し、彼らを奴隷として売り捌いた。その数は一〇〇万を超えていた。さらに、無法者《ティラーノ》たちはそれにも飽き足らず、一五四二年の今日という日にも、相変わらず、何隻もの船を先記の島々へ送り出している。エスパニョーラ島の王立アウディエンシアはその不正行為を見て見ぬふりをし、それどころか、慫慂《しょうよう》さえしている。かつてこのアウディエンシアは、その気さえあれば、阻止することも正すこともできたはずなのに、ありとあらゆる数限りない暴虐や破壊行為(いずれも、過去同様現在も、エスパニョーラ島のアウディエンシアの管轄下にある地域、つまり、四〇〇レグア以上にも及ぶ大陸《ティエラ・フィルメ》部のあの海岸一帯に位置するベネスエラとサンタ・マルタの沿岸地方で行なわれてきた)に対しても、同じ態度をとってきたのである。

ベネスエラに向かった貪欲きわまりない無法者《ティラーノ》たちがこれらのインディオをひとり残らず奴隷にしたのは、ひたすら飽くことのない黄金欲を満たそうとする邪悪かつ盲目的で、手の施しようのない思惑以外に理由はない。彼らは、他の無法者《ティラーノ》たちが例外なくインディアス一帯でいつも行なっていたのと同じように、先に記したあの残酷で忌まわしい手口を用いて、小羊や羊ともいうべきインディオやその妻子を家から引き立て、国王の焼印を押し、奴隷として売り捌いたのである。

大陸にあってフロリダと呼ばれる地域の諸地方について

一五一〇年か一一年ごろから、それぞれ時期は異なるが、三人の無法者《ティラーノ》〔ペドロ・デ・ピネーダ、ファン・ポンセ・デ・レオン、パンフィロ・デ・ナルバエス〕がフロリダの諸地方へ渡り、ほかの無法者《ティラーノ》に負けまいと、数々の悪行を重ねた。実を言えば、そのうちの二人〔ポンセ・デ・レオンとナルバエス〕はすでに身分不相応な地位を手に入れようと、インディアスの別の地方で隣人であるインディオの血を流し、彼らを破滅へ追い詰めた経験の持ち主であった。結局、その三人は惨めな最期を迎え、肉体が滅びただけではなく、かつて住民の血を犠牲にして建てた館も崩壊してしまった。私はその三人の所業をこの目で目撃したが、今や、彼らのことを思い出させるものはすべてこの地上から消え失せ、まるで彼らがこの世に存在しなかったかのようである。かつて彼らはところかまわず平安を乱し、その名前により全域を汚辱と恐怖の真っただ中へ陥れた。確かに、彼らは虐殺に手を染めたが、頻繁に行なったわけではなかった。というのも、彼らがさらなる虐殺を行なう前に、神が彼らの生命《いのち》を奪われたからである。すなわち、神は、その無法者《ティラーノ》たちがインディアスの別の地方で犯したさまざまな悪事に対してしばらくは黙許されていたが、ことここに至って、罰を下されたのである。実は私自身、彼らが別の地方で犯した悪事を知っていたし、実際に目撃もした。

これは一番最後の無法者《ティラーノ》のことだが、一五三八年に四人目の無法者《ティラーノ》〔エルナンド・デ・ソト、一五〇〇〜四二年〕が準備万端を整え、明確な目的をもってフロリダ地方へ向かった。しかし、ここ三年間、彼の消息はまったく不明である。確かなのは、彼が侵入後ただちに残酷な所業に耽り、やがて姿を消したことと、もし彼とその部下がまだ生きているとすれば、この三年間に行く先々で出会った大勢のインディオを手当たり次第に殺害していったということである。というのも、その無法者《ティラーノ》はそうした悪事に長けた悪名高い連中のひとりであり、かつてほかの仲間と一緒に甚だしい悪事を働き、夥しい害を加え、数多の地方や王国を破壊したことがあったからである〔ペルーの征服にも参加〕。しかし、私はそれよりもむしろ、神の審判が下り、彼もほかの無法者《ティラーノ》たちと同様、死を与えられたと確信している。

以上のことを記してから三年か四年たったころ、フロリダと呼ばれるその地域から、かつて先記の札付きの無法者《ティラーノ》〔ソト〕と行動を共にした、彼と同じ貉《むじな》の無法者《ティラーノ》たちが姿を現した。彼らは、その無法者《ティラーノ》が遠征の途中で死ぬと、そのまま置き去りにしてきた残党である。彼らの話から、私は、誰にも害を加えたことのないあの無辜《むこ》のインディオを相手に、とくにその札付きの無法者《ティラーノ》が生前に行なったり、また、彼が惨めな最期をとげたのちは、彼の配下の獣のような連中が加えたりした前代未聞の残虐な仕打ちと悪事とを知った。それは、私が以前予告したことが誤りではなかったことを証明している。換言すれば、私がこの報告の冒頭で示した法則《レグラ》、つまり、スペイン人は新たに人びとや土地を発見すると、殺戮と破壊に耽ったが、回を重ねるごとに、神や隣人に対してますます非道な行為や邪悪な仕打ちに及んだという、例の法則《レグラ》を確証しているのである。私は、とうてい人間業《わざ》とは思えない、凶暴な獣が行なうような数多くのじつに忌まわしい、また、身の毛もよだつ血なまぐさい所業を語るのに疲れたので、次にいくつかの事例だけを記すに留めたい。

スペイン人はいくつかの大きな集落に出くわしたが、そこには、じつに容姿端麗で思慮深く、また、礼儀正しくて規律を守る人たちが暮らしていた。例によって、スペイン人は彼らに恐怖心を植えつけるため、大虐殺を繰り返した。スペイン人はインディオをまるで畜生同然に扱い、重い荷物を背負わせて苦しめ、挙句の果て、殺害した。これもすでに別のところ〔ニカラグア地方とベネスエラ王国を扱った箇所〕で述べたことだが、インディオのだれかが途中で疲れたり気を失ったりすると、首枷をはめられて彼の先を歩くインディオたちの鎖を外すのが面倒なので、スペイン人は歩けなくなったインディオの首筋辺りに剣を振りおろし、首を刎ねた。すると、首と胴体はそれぞれ、別の方向へころげ落ちた。

　スペイン人がとある村へ侵入した時の話だが、その村のインディオは喜んで彼らを出迎え、食べきれないほどの食糧をふるまい、さらに、荷物の運搬と馬の世話をするため六〇〇人以上のインディオを提供した。無法者《ティラーノ》たちは村を後にしたが、しばらくすると、無法者《ティラーノ》の頭目〔ソト〕の縁者にあたる隊長《カピタン》〔カルロス・エンリケス〕が踵《きびす》を返して村へ戻り、安心しきっていた村中を荒らしまわった。彼はその土地を治めていた王を槍で突き殺し、そのほか数々の残忍な所業を重ねた。別の大きな村では、住民たちはすでにスペイン人の卑劣で恐ろしい振る舞いを耳にしていたので、やや警戒しているように思えた。そこで、無法者《ティラーノ》たちはインディオを、老若主従の区別なく、剣や槍をふるって殺害し、ひとりとして生かしておかなかった。

　また、次のようなこともあった。とある村で、スペイン人が出頭を命じたのか、それとも、インディオがすすんでやって来たのか、いずれかは定かでないが、大勢のインディオ、(伝え聞くところでは)二〇〇人以上ものインディオが姿を現した。すると、先記の札付きの無法者《ティラーノ》は部下に命じて、彼らの鼻から口髭まで唇もろとも削ぎ落とし、顔面全体をのっぺらぼうにさせた。そして、スペイン人は血を流して苦痛に喘いでいるその哀れなインディオたちを使い走りのように仲間のインディオたちのもとへ送りだし、彼らに自分たちの振る舞いを知らせようとした。〔こともあろうか、〕それが洗礼を受けて、聖なるカトリックの信仰を説き広めようとしている人びとの行なっている奇蹟だというのである。

さてここで、インディオがどのような状況に追い込まれていくのか、彼らがいったいどれほどの愛情をキリスト教徒に抱くようになるのか、どうすれば彼らがキリスト教徒の神を善良かつ正しいものと、また、キリスト教徒が崇め、誇りとしている掟や宗教を穢れのないものと信じるようになるのか、判断していただきたい。

神にも見放された連中であり、永遠に救われることのない子らでもあるそのスペイン人たちがフロリダ地方で犯した悪行は甚だしく、しかも、これまでに見聞きしたことのないほどひどいものであった。そういうわけで、神にも見放された例の隊長《カピタン》は懺悔もせず、地獄落ちの罪を犯したまま最期を迎えた。彼はじつに忌まわしい悪行を重ねたので、地獄に葬られていることを信じて疑わないが、もしかすると、神は、彼の重ねた数々の犯罪行為ではなく、その聖なる慈悲の心から、ひそかに地獄落ちを命じられなかったかもしれない。

ラ・プラタ川について

一五二二年か二三年ごろから、三回もしくは四回にわたり、数名の隊長《カピタン》〔セバスティアン・カボット、ペドロ・デ・メンドーサ、マルティネス・デ・イラーラ、ファン・デ・アヨラスなど〕がラ・プラタ川方面へ遠征した。そこには、広大な王国や地方がいくつもあり、理性を具えた容姿端麗な住民が暮らしていた。おおよその地域でも、隊長《カピタン》たちが殺戮を繰り返し、甚大な害を与えたのは容易に想像がつくが、とりわけラ・プラタ地方は出入りが頻繁なインディアスの諸地方からかなりかけ離れていることもあり、今ここで記さなければならないほど顕著な出来事に関する情報は持ち合わせていない。とはいえ、彼らが、過去にスペイン人がほかの地域で行なったのと変わらない残忍な所業をそのラ・プラタ地方でも犯してきたことや、今もその事態に変わりがないことはまったく疑う余地がない。彼らもまた同じスペイン人であるし、彼らの中には、かつて別の地方で経験を積んだ者も数名いたからである。また、彼らの望みはほかのスペイン人と同じように、富を蓄えて大領主になることであり、しかも、それは、彼らやほかのスペイン人が行なったように、邪悪な方法や手段を用いてインディオを破滅させ、虐殺し、強奪し、絶滅させない限り、見果てぬ夢に終わってしまうからである。

以上のことを記したのち、私は確かな筋から、実際に彼らがあの不運なインディオに対して前代未聞の虐殺と残忍な所業に耽り、広大な地方や王国を破壊し、荒廃させてしまったことを知った。インディオに対する彼らの非道ぶりはほかのスペイン人と同じか、それ以上に目に余るものであった。それは、彼らがスペインからいちばん遠く離れた所にいたので、ほかの地方にいるスペイン人と比べると、はるかに傍若無人に振る舞えたし、秩序や正義を守ろうとはせず、思いのままに暮らしていたからである。とはいえ、これまでの記述からも明らかなように、インディアス一帯で正義が行なわれたためしなど、一度もなかった。

それ以外の数限りない悪行の中で、とりわけ次に述べるのはインディアス枢機会議で朗読された出来事の一部である。

ある悪逆な総督《ゴベルナドール》〔ペドロ・デ・メンドーサ、一四八七～一五三七年〕は食糧を調達するため、部下にいくつかのインディオの村へ向かうよう命じた。そのとき、彼らは総督《ゴベルナドール》から、もしインディオが要求どおりに食糧を差し出さなければ、鏖殺《おうさつ》するよう命じられていた。そのような権限を与えられて、部下は村へ向かった。そして、インディオがスペイン人を敵視し、食糧を差し出そうとしなかったので、スペイン人は約五〇〇〇人のインディオを斬殺した。インディオが食糧を提供しなかったのは出し惜しみしたからではなく、むしろ、スペイン人と顔を合わすのが恐ろしく、なんとかして彼らから逃れたいと考えていたからであった。

同じく、次のような報告も読み上げられた。ある時、おそらく出頭を命じられたからであろう、友好的なインディオが数名、スペイン人に身を預け、仕えるために姿を現した。ところが、それが事実かどうかは定かではないが、インディオがすぐに出頭しなかったからか、それとも、スペイン人が常套手段を使って、彼らに大きな恐怖心を植えつけ、脅かそうとしたためか、いずれにせよ、総督《ゴベルナドール》はそのインディオたちを全員、彼らの敵であるインディオに引き渡すよう命じた。すると、その友好的なインディオたちは泣き叫び、殺して下さい、どうか敵のインディオだけには引き渡さないでほしいと哀願し、居合わせた家屋から一歩も出ようとはしなかった。結局、スペイン人はその場で彼らをずたずたに惨殺したのだが、その時、インディオは声を振りしぼって叫んだ。「私たちはあなたがたに仕えようと思っておとなしく出てきた。それなのに、手にかけるのですか。この壁一面に滲み込んだ私たちの血は、私たちが蒙った不当な死とあなたがたの極悪非道な仕打ちの証しとなるだろう」と。それは確かに目に余る、深く心に留めおかれるべき振る舞いであり、また、何にもまして、人の心を嘆き悲しませて余りある所業であった。

ペルーにある数々の広大な王国と地方について

一五三一年、別の札付きの無法者《ティラーノ》〔フランシスコ・ピサロ、一四七六頃〜一五四一年〕が少なからぬ部下を率いてペルーの諸王国へ向かった。彼がそれらの王国へ侵入する際に主張したその根拠《ティトゥロ》や意図、それに行動の諸規範は、過去にスペイン人が例外なく利用したものと変わらなかった。

その無法者《ティラーノ》は一五一〇年以来、ティエラ・フィルメ地方で、ほかの誰よりも長期間にわたり、ありとあらゆる残酷な所業や破壊に耽った連中のひとりである。そのため、彼はペルーでは、よりいっそう残忍な振る舞いや虐殺や略奪を重ねることになった。彼は信義に背き、約束を守らず、ただひたすら村々を破壊し、暮らしていた人びとを破滅させ、殺害していった。それが原因となって、ペルーでは、その後もひきつづき、甚大な惨禍が繰りかえされることになった。したがって、これは確信していることだが、彼が重ねた数々の悪行は、人間の力では詳しく説明したり、強調したりすることができないほど目に余るものであり、われわれがその悪行の全貌を知り、明確に認識するには、最後の審判の日を待たなければならない。ここでは、そのうちの一部を記そうと思うが、実を言えば、それらの悪行の異様さについて、また、それらがいかなる性質《たち》のもので、どのような状況下であれほど醜悪かつ汚辱にまみれたものとなったのか、そのことについても私には強調する力もなければ、その術《すべ》も分からない。

忌まわしいことに、その無法者《ティラーノ》はペルーへ侵入した時、住民たちを殺害し、いくつもの村を破壊し、大量の金を略奪した。ペルーの諸地方の近くに、プグナ〔プナ〕と呼ばれる人口稠密な魅力溢れる島があった。その島の首長と住民はスペイン人をまるで天から舞い降りてきた使者のように温かく出迎えた。六カ月が過ぎると、スペイン人はインディオの食糧をことごとく食べつくし、次に、インディオが旱魃や凶作などの非常時に備えて自分自身や妻子のために貯えていた小麦〔玉蜀黍のこと〕の貯蔵庫に目をつけた。インディオは仕方なく、その小麦をスペイン人に差し出し、自由に使って下さい、食べて下さいと、涙ながらに申し出た。スペイン人が彼らに最後に払った代償とは、剣を振りかざし、槍を突き立てて大勢の住民の生命《いのち》を奪い、生け捕りにしたインディオをことごとく奴隷にすることであり、また、それ以外にも、目に余る極悪非道な振る舞いを重ねた。そうして、彼らはプグナ島をほとんど人影のない島にしてしまった。

スペイン人はその島から大陸《ティエラ・フィルメ》部に位置するトゥンバラ〔トゥンベス〕地方へ渡り、そこでも手当たり次第に殺戮と破壊をつづけた。彼らは、インディオが全員、身の毛もよだつ恐ろしい所業を見て逃げ出すと、それを理由に、インディオは反乱を起こしたとか、国王に背く反逆者だと決めつけた。

この無法者《ティラーノ》は次のような策略を用いた。彼は出頭命令に応じたインディオや、すすんで金銀その他、ありたけの物を贈り物として差し出しに来たインディオに対して、さらにそれ以上の贈り物を持参するよう命じた。彼は、もはやインディオの手元に差し出すものがなくなったか、あるいは、彼らがそれ以上持参しそうもないと分かるまで、その要求を繰りかえした。そうしてから、その無法者《ティラーノ》はインディオをスペイン国王の臣下として迎え入れると告げ、彼らを抱擁し、部下に命じて二本の喇叭《ラッパ》を吹奏させた。その時、彼はインディオに、以後いっさい物を取り上げたり、害を加えたりすることはないと理解させた。そのようにして、無法者《ティラーノ》はすでにインディオから奪ったものや、インディオが彼の忌まわしい噂をいくつも聞いて恐ろしくなって差し出したものを正当に手に入れたものとみなした。すなわち、それらはいずれも、彼がインディオをスペイン国王の保護や庇護のもとに受け入れる以前に手に入れたものだというわけである。それは、まるでインディオが国王の保護のもとに受け入れられれば、それ以後はスペイン人から圧迫されたり、強奪されたり、破壊されたり、壊滅させられたりすることはなくなると言わんばかりであり、また、自分は過去にインディオにそのような仕打ちを加えたことがないと言うのに等しかった。

それから数日後、ペルーの諸王国を治めた君主で、アタバリバ〔アタワルパ、通称第一三代インカ王。一五〇二頃～三三年〕と名乗る皇帝が武器とは名ばかりの代物を携えた裸同然の部下を大勢従えてスペイン人の前に姿を現した。アタバリバは剣の切れ味、槍の殺傷力、疾駆する馬の速さやスペイン人の正体（金を奪うためには、悪魔にすら襲いかかるのがスペイン人である）についてまったく知識がなかった。

皇帝アタバリバはスペイン人の陣営に到着すると、彼らに向かって言った。「スペイン人とやら申すものはどこにいるのだ。ここへ出て来られよ。おまえたちは私の部下を殺し、村々を荒らし、富を略奪した。おまえたちがその償いをするまでは、私は一歩たりともここを動くまい」と。すると、スペイン人が皇帝の前に躍り出て、数えきれないほどのインディオを殺害し、輿に乗ってきた皇帝の身柄を拘束した。そうして、彼らは捕虜にした皇帝と身代金の交渉を行なった。アタバリバは四〇〇万カステリャーノを提供すると約束したが、実際には一五〇〇万カステリャーノの金を差し出し、スペイン人は皇帝の身柄を解放すると約束した。

しかし、結局のところ、スペイン人はその約束を反故《ほご》にし、信義を踏みにじった（インディアスでは、スペイン人がインディオに対して約束を守ったり信義を重んじたりすることなど、一度もなかった）。彼らは皇帝に言いがかりをつけ、大勢のインディオが集結しているのは皇帝の命令によるのではないかと問い詰めた。すると、アタバリバ皇帝はこう答えた。「わが領土では、私の命令がなければ、木の葉一枚すら、微動だにしない。もし部下たちが集結していると言うのであれば、それは私が命じたからだと考えていただいても結構である。私は俘囚の身であるから、殺すがよい」と。結局、スペイン人は皇帝を火あぶりの刑に処すことに決めた。もっとも、その後、一部のスペイン人が隊長《カピタン》〔ピサロ〕に、皇帝を絞首刑にするよう要望したので、皇帝は絞首刑のあと、火あぶりにされた。〔その刑が執行される以前〕、アタバリバ皇帝はことの次第を知り、尋ねた。「なぜ火あぶりにするのか。いったい私が何をしたと言うのだ。おまえたちは金を差し出せば、解放すると申したではないか。私は約束した以上の金を差し出したはずだ。どうしてもそのような目に遭わせたいのであれば、私の身柄をおまえたちの王、スペイン

版画 15

国王のもとへ送り届けていただきたい」と。そのほかにも、皇帝はスペイン人が犯した甚だしい不正行為をいろいろと申したてた。それらは、当のスペイン人ですら、かなり心を痛め、忌み嫌うほどひどいものであったが、結局、スペイン人はアタバリバ皇帝を火あぶりにした(版画15)。

さてここで、この戦争の正当性とその根拠《ティトゥロ》や、スペイン人がこの君主〔アタバリバ〕を捕え、死刑を宣告し、その刑を執行したことの是非について、また、あのペルーの諸王国で、偉大な国王をはじめ、無数の首長や人民から莫大な量の財宝を強奪した無法者《ティラーノ》たちにどのような良心があったのかについても、とくと考えていただきたい。

つぎにここでは、キリスト教徒を名乗る連中がインディオを絶滅させようとして犯した数限りない極悪非道な所業の中から、フランシスコ会に所属する修道士が〔ペルー征服の〕初期にその目で見たいくつかのわずかな例だけを記しておきたい。その修道士はそれらの出来事を文書に認《したた》め、自署し、さらにその謄本を作成してインディアス各地やカスティーリャ王国へ送付した。私の手許にも、修道士本人の署名入りの謄本があり、それには次のように記されている。

「私こと、フランシスコ会に所属する修道士マルコス・デ・ニサ〔生年不詳～一五五八年、ニース生まれ〕はペルー地方における同修道会所属の修道士たちを監督する立場にあるものであり、キリスト教徒がはじめてこの土地に足を踏み入れた時、彼らに同行した聖職者のひとりであります。私はその土地で目撃した出来事の一部、とりわけ先住民に対するキリスト教徒の態度や彼らが行なった征服《コンキスタ》の実態について述べようと思いますが、それらはいずれも真実の出来事であります。まず、私が実際に目撃したことであり、経験に照らして理解し、導いた結論は、ペルーのあのインディオは、キリスト教徒がこれまでにインディアスで出会ったインディオの中でも、もっとも善意に満ちた人たちであり、キリスト教徒にもっとも親しく友好的な人たちだということであります。また、これも私が実見したことですが、彼らインディオはスペイン人にあり余るほどの金や銀、宝石、それに、求められた物をひとつ残らず差し出し、誠心誠意、仕えてきました。さらに、インディオは、キリスト教徒から虐待や非道な行為を受けて挑発されない限り、彼らの方から戦争を仕掛けることなど、一度もありませんでした。それどころか、彼らはいつもスペイン人を村へ迎え入れ、この上なく温かく、また、恭しくもてなし、食糧をはじめ、スペイン人が彼らの世話をするインディオを、男性であろうが女性であろうが奴隷として要求すれば、その要求された数の奴隷を差し出していました」。

「同じく、私は目撃者として以下のことを証言いたします。スペイン人がインディオの土地へ侵入して間もなく、ペルー全土を治めた最大のカシーケであるアタバリバは二〇〇万カステリャーノを超える金を差し出し、まったく抵抗を試みることもなく、全土の支配権を譲り渡しました。ところが、やがて、スペイン人はそのアタバリバを火あぶりにし、さらにそのあと引きつづき、すでに要人たちを連れて総督《ゴベルナドール》〔フランシスコ・ピサロ〕のもとへ投降してきたアタバリバ麾下《きか》の総大将コチリカマ〔チャルクチマ〕を同様に火刑に処しました。インディオには、スペイン人からそのような仕打ちを受けるような罪や理由はまったくなかったのです」。

「このようなことがあってから数日後、スペイン人はキト地方を治めた別の有力な首長チャンバを同じく火あぶりにしましたが、チャンバに罪があったわけではなく、また、彼は処刑されても仕方のないようなことをなにひとつ行なっていませんでした」。

「同じように、スペイン人はカナリオ〔カニャリ〕人を治めたチャペラを不当にも火刑に処しました。また同じように、スペイン人は、アタバリバの金の在処《ありか》を白状させるため、キトの住民を治めていた大領主アルビアの足をあぶり、そのほか数々の拷問を加えました。アルビアはアタバリバの財宝については何も知らなかったのだと思います。同様に、スペイン人はキトで、その地方全域を治めていたコソパンガを火あぶりにしました。コソパンガは、例のキリスト教徒の総督《ゴベルナドール》に仕えた隊長《カピタン》セバスティアン・デ・ベナルカサル〔一四八〇～一五五一年、ベラルカサルとも〕が何回か行なったいわば降伏勧告に従い、敵意を捨てて帰順してきたのですが、スペイン人の要求した金を命令どおり差し出さなかったという理由で、ほかの大勢のカシーケや要人ともども、火あぶりにされたのです。私が理解しえた限りで申し上げますと、スペイン人の意図はその王国全土から領主という領主をひとり残らず根絶やしにすることにあったのでしょう」。

「同じく、これも確かなことですが、スペイン人が大勢のインディオを集め、三棟の大きな家屋に閉じ込めたことがありました。そして、蟻の這いでる隙間もないぐらい大勢のインディオを閉じ込めると、スペイン人はそれらの家屋に火を放ち、全員を焼き殺しました。しかし、これらのインディオがスペイン人に抵抗したことなど一度もありませんでしたし、また、そのような悲惨な憂き目に見舞われる謂《いわ》れもまったくなかったのです。その時、次のような事件が起きました。オカーニャという名の在俗司祭が燃え盛る炎の中からひとりの少年を救い出しましたが、そこへ別のスペイン人がやって来て、少年を奪い取り、炎の中へ投げ込んだのです。そのため、少年は仲間のインディオともども灰になってしまいました。そして、インディオの少年を火の中へ投げ込んだ当のスペイン人は陣営へ戻る途中、その日のうちに頓死しました。私は彼の遺体を埋葬しないよう主張いたしました」。

「同じく、これも断言しますが、私は数多くの場所や地方で、スペイン人がなんの目的もなく、ただ気紛れから、男女を問わず、インディオの手を斬り、鼻と耳を削ぎおとしているのをこの目で見ましたが、それを逐一記すとなりますと、長くなってしまうでしょう。また、私は、スペイン人が数匹の犬をけしかけてインディオをずたずたにさせようとしているのを目の当たりにしましたし、実際に大勢のインディオが犬に襲われている光景も目撃しました。同じく、私は数多くの家屋や村が焼き払われているのも目にしましたが、その数はあまりにも多くて、正確には言えないぐらいです。また、スペイン人が乳飲み子の両腕をつかんで出来る限り遠くへ放りなげたり、そのほか、目的もなく、さまざまな暴行や残忍な所業を重ねたりしたのも事実であり、私はそれらを目の当たりにして愕然としました。それら以外にも、私はスペイン人の数限りない非道な振る舞いを目撃しましたが、それを逐一記すとなりますと、長くなってしまうでしょう」。

「同じく、私が目撃したことですが、スペイン人はインディオのカシーケや要人に、身の安全を保障するから安心して帰順するよう誘いながら、実際に彼らが姿を現すと、時を移さず火あぶりにしました。スペイン人は私の目の前で二人のカシーケを火あぶりにしました。ひとりはアンドン〔アンコン〕、いまひとりはトゥンバラで火あぶりにされたのです。私はスペイン人にインディオを火あぶりにしないよう懸命に説教をしましたが、力及ばず、火刑を中止させることが出来ませんでした。神と良心に誓って申し上げますが、私の理解しうる限りでは、ペルーのインディオが蜂起し、反乱を起こしたのは、ひとえにスペイン人に虐待されたからであり、それは誰の目にも明らかであり、このインディオの反乱には、十分な大義がありました。それと言いますのも、スペイン人はこれまで一度としてインディオに誠実な態度を示したり、約束を守ったりしたことがなかったからです。それどころか、彼らはまったく理不尽に、しかも、不正かつ不法に全土を破壊し、暮らしていたインディオを破滅へ追いやりました。その結果、インディオはそのような所業をじっと耐え忍ぶより、いっそのこと死んでしまおうと決意したのです」。「次にインディオたちから聞いた話にもとづいて証言します。彼らインディオは、スペイン人が見つけたよりはるかに大量の金を隠匿しました。スペイン人が不正かつ残酷な所業を重ねたため、そのインディオたちは金の在処《ありか》を白状しなかったのであり、今後も口を割ることはないでしょう。むしろ、彼らも先に述べたインディオと同じように、死んでしまいたいと考えているのでしょう。そうして、われらが主である神は大いなる辱しめを受け、国王陛下は裏切られ、欺かれ、結局、カスティーリャ全土に食糧を十分に供給することの出来る土地を失われたのです。思いますに、その土地を原状復帰させるのは至難の業《わざ》であり、膨大な費用が掛かることでしょう」。

以上はすべて、先記の聖職者が認《したた》めた文言をそのまま書き写したものであり、その文書には、メキシコ司教〔ファン・デ・スマラガ、一四六八～一五四八年、フランシスコ会士。のちメキシコ初代大司教〕の名が連署されている。つまり、司教は、ここに記されたことはすべて、マルコス神父が申し述べたことに相違ないと証言しているのである。

ここで、この神父が目撃したと記している事柄についてよく考えてみなければならない。というのも、神父が実見したのはせいぜい五〇レグアか一〇〇レグアの範囲内で出来《しゅったい》したことであり、しかもそれらは征服《コンキスタ》の初期、つまり、今から九年も一〇年も前に起きた出来事であり、当時、スペイン人の数もごくわずかだったからである。ところが、その後、金の噂を耳にして、四〇〇〇人か五〇〇〇人のスペイン人がペルーへ押し寄せ、数多くの広大な王国や地方へ広がってゆき、その広さも五〇〇レグアから七〇〇レグア以上にも及んだ。そして、スペイン人は前述したような、あるいは、それ以上に凶暴かつ残忍な所業を重ね、それらの王国や地方をことごとく破壊してしまった。事実、その当時から今日に至るまで、スペイン人は、神父が記しているより千倍以上もの回数にわたり残虐な行為を繰りかえし人びとを破滅へ追いやり、絶滅させた。このように、彼らは神と国王を畏れず、無慈悲にも人類の大部分を絶滅させ、およそ一〇年間に、ペルーの諸王国で四〇〇万以上の人びとの生命《いのち》を奪ったのである(また、今でも、スペイン人は変わることなく彼らを殺しつづけている)。

ごく最近のことだが、スペイン人はそれらペルーの諸王国を治める王であったエリンゲ〔エル・インカ、マンコ・インカのこと。ピサロがクスコ入城後に任命したインカ王〕の妻で、じつに高貴な王妃を竹槍で刺殺した。というのも、エリンゲがキリスト教徒の度重なる暴虐に耐えかねて蜂起し、今もなお、抵抗をつづけているからである。[29] キリスト教徒が王妃、つまり国王エリンゲの妻（身籠っていたと伝えられている）を捕えて殺害したのは、もっぱら夫を悲しませるためであり、それはまったく不正かつ理不尽な行為であった。

もしキリスト教徒がペルーのあの諸王国で犯してきた、また今日も犯しつづけている数々の残忍な所業や殺戮を逐一こと細かに語るとなれば、明らかに、そのどれもが人びとを震え上がらせるであろう。ペルーにおける彼らの極悪非道ぶりは、量からしても由々しさからしても、これまで他の地方について述べてきたことがことごとく霞み、取るに足りないものとしか思えなくなるくらいひどかったのである。

新グラナダ王国《ヌエボ・レイノ・デ・グラナダ》(30)について

一五三九年、大勢の無法者《ティラーノ》がそれぞれ、ベネスエラ、サンタ・マルタ、カルタヘーナからペルーを目指して出発し、他方、そのペルーからは、別の無法者《ティラーノ》たちが北上し、ベネスエラなど、先記の地域へ向けて深く侵入した。そして、彼らはサンタ・マルタとカルタヘーナの背後、内陸へ三〇〇レグアほど入ったところにじつに豊饒な素晴らしい地方がいくつもあるのを発見した。そこには、インディアスの他の地方と同じように、この上なく従順で善良なインディオが大勢、暮らしており、金《きん》やエメラルドと呼ばれる貴石が無尽蔵にあった。無法者《ティラーノ》たちはそれらの地方を新グラナダ王国と名付けたが、それは、誰よりも先にその土地に足を踏み入れた無法者《ティラーノ》〔ゴンサロ・ヒメネス・デ・ケサーダ、一五〇九～七九年〕がここ〔スペイン〕のグラナダ王国の出身者だったからである。

大勢のスペイン人がインディアス各地からこの新グラナダ王国に蝟集《いしゅう》したが、彼らの多くは邪悪かつ残忍な人物で、とくに、人を殺し、血を流すことにかけては札付きの連中であった。彼らはかつてインディアスの数多くの地方で、すでに記したような数々の重大な犯罪行為を日常のように行なった、その道の経験豊かな古兵《ふるつわもの》であった。したがって、彼らがこの新グラナダ王国で行なった悪魔のような振る舞いはその内容も量も、じつに凄まじく、また、そのときの状況や特徴からして、あまりにも醜悪かつ由々しいものであったので、それまでに彼ら自身が、またほかのスペイン人が別の地方で行ない、犯してきたじつに多くの、いや、すべての非道な所業をはるかに凌いでいた。

以下に、ここ三年間に彼らが犯してきた、また、今もなお、止むことなく犯しつづけている数限りない非道な所業の中から、いくつかの事例をごく簡潔に述べてみよう。

かつてこの新グラナダ王国で強奪と殺戮をほしいままにした先記のスペイン人〔ヒメネス・デ・ケサーダ〕はさらに略奪と殺戮をつづけるため、ある総督《ゴベルナドール》〔ヘロニモ・レブローン、生没年不詳、執務査察官《フエス・デ・レシデンシア》を務めたあと、サンタ・マルタの臨時総督《ゴベルナドール》〕の受け入れを認めようとしなかった。そこで、総督は大勢の証人の協力をえて、そのスペイン人が以前同様現在も行ないつづけている破壊、暴虐、殺戮に関する情報を収集し、彼を告発する調書を作成した。その調書はインディアス枢機会議で読み上げられ、現在同枢機会議に保管されている。

調書の中で、証人たちは以下のように述べている。その王国はどこも平和で、インディオはよくスペイン人に仕え、いつも額に汗して手に入れた食べ物を提供し、彼らのために土地を耕して畑を作り、さらに、大量の金やエメラルドなどの貴石をはじめ、ありたけの物や調達できるものなら何でも、すべて差し出した。インディオは村ごとに首長と臣下も含めてことごとく、スペイン人の間で分配され（これは、スペイン人が彼らの最終目的である金を手に入れるために用いる手段である）、彼らはひとり残らず、おなじみの圧制と隷従のもとに置かれた。

その地方を統轄していたもっとも位の高い隊長《カピタン》、つまり例の無法者《ティラーノ》〔ヒメネス・デ・ケサーダ〕はその王国全土を治めた王を捕え、その後六、七カ月の間、監禁し、なにも大義や理由がないのに、ただひたすら金とエメラルドを要求しつづけた。ボゴターという名のその王はスペイン人の振る舞いに怯え、言うとおりにすれば、自分を苦しめているスペイン人の手から逃れられると思い、要求された金でできた館を一軒、差し上げようと答えた。王はインディオを使いにやり、金を持参するよう命じた。インディオは何度も莫大な量の金や宝石を持参したが、王は金の館を差し出さなかった。スペイン人はそれを理由に、約束を守らなかったのだから、王を処刑すべきだと言い張った。例の無法者《ティラーノ》は、自分の立ち会いのもと正式に王に対する裁きを求めるよう申し渡した。それで、スペイン人はその土地の王ボゴターを訴え、死刑を求めた。すると、無法者《ティラーノ》は、もし王が金の館を差し出さないのであれば、拷問に付すべしという判決を下した。そうして、スペイン人は王に吊るし責め(31)の拷問を加えた。さらに、彼らは棒の先に蹄鉄を取り付け、それに両足をそれぞれ固定させ、首を別の棒に縛りつけ、ふたりの男が王の両腕を引っ張った状態で、腹部に煮えたぎる獣脂をかけた。そうしておいてから、今度は王の足元に火をつけた。例の無法者《ティラーノ》は時々その場に姿を見せては、金を差し出さなければ、次々と拷問を加えてじわじわと殺すことになるぞと言って、王を嚇《おど》かした。結局、無法者《ティラーノ》はその言葉どおりにことを運び、数々の拷問を加えた挙句、王の生命《いのち》を奪ってしまった。そうしてスペイン人が王を苦しめていた時、神はそのあまりにも残虐非道な所業を嫌悪され、拷問が行なわれていた村一帯を焼き払われ、その嫌悪の情を示された(版画16)。

他のスペイン人もみな、このじつに見上げた隊長《カピタン》を見習おうとして、また、彼らにはその土地の人びとを八つ裂きにする以外に能がなかったので、彼と同じ所業を繰りかえした。彼らはそれぞれ委託された一つもしくは複数の村のカシーケ、つまり、首長をさまざまな恐るべき拷問を加えて苦しめた。首長たちは配下の住民全員とともにスペイン

版画 16

人によく仕え、ありたけの金やエメラルドを精一杯差し出していたが、それでも、スペイン人がカシーケを苦しめたのは、ただひたすら、さらに多くの金と貴石を手に入れようとしたからである。そうして、スペイン人はその土地の首長を全員、焼き殺したり、八つ裂きにしたりした。

ダイタマ〔ドゥンタマ、またはトゥンダマとも〕という名の偉大な首長は、例の隊長《カピタン》の手下である無法者《ティラーノ》のひとり〔ファン・デ・アレバロ〕がインディオに加えた残虐きわまりない仕打ちを知って恐れをなし、非道な振る舞いから身を守るため、大勢の部下を率いて山へ向かった。というのも、インディオは身の安全を守れるような場所があるとすれば、山以外にはないと考えていたからである。すると、スペイン人はそれを反乱とか蜂起と決めつけた。ダイタマが逃亡したことを知った例のもっとも位の高い隊長《カピタン》である無法者《ティラーノ》〔ヒメネス・デ・ケサーダ〕は、先に記した残忍な男に部下をつけて派遣し、彼らの後を追わせた。実を言えば、それまではおとなしく、また、数々の甚だしい暴虐や悪事にじっと耐えていたインディオが山へ逃げ去ったのは、その男の残虐非道な行為が原因であった。彼はインディオを探しに出かけた。インディオはたとえ地中に身を潜めても、隠れつづけることが出来ず、追跡に向かったスペイン人は大勢のインディオを見つけだし、誰ひとり容赦せず、男女、子どもも合わせて総勢五〇〇人以上の人たちを殺害し、ずたずたにした。証人たちの話によれば、そのインディオたちがスペイン人に虐殺される以前、首長のダイタマは例の残忍な男のもとへ出頭し、四〇〇〇カステリャーノか五〇〇〇カステリャーノの金を差し出していたらしい。それにもかかわらず、例の残忍な男は先記のような害を加えたのである。

また、ある時、大勢のインディオがすすんでスペイン人の世話をするためにやって来たことがあった。彼らが、いつものように、慎ましく従順にスペイン人に仕え、身の安全を信じて働いていたころ、ある夜のこと、隊長《カピタン》〔エルナン・ペレス・デ・ケサーダ〕がその町へやって来て、部下に彼らを全員、剣で突き刺すよう命じた。その時、深い眠りについていたインディオもいれば、夕食をとったり、一日の仕事の疲れを癒したりしていたインディオもいた。隊長《カピタン》がそのような命令を下したのは、その地方の住民すべてに彼を恐れる気持ちを植えつけるには、それが適切なやり方だと考えたからにほかならない。

また、ある時、その隊長《カピタン》は部下のスペイン人全員に、各自が家内労働に使役するために所有しているカシーケや要人、それに、平民たちの数を偽らずに報告するよう通達し、さらに、そのインディオたちを広場へ連行し、そこで、全員の首を刎ねるよう命じた。その結果、四〇〇〇人か五〇〇〇人のインディオが殺されることになった。証人たちの話によれば、隊長《カピタン》はそのような手口でその土地を平定しようと目論んでいたらしい。

証人たちがある特定の無法者《ティラーノ》〔ファン・デ・アレバロ〕について語っているところによれば、その男は甚だしい残虐非道ぶりを発揮して、男女を問わず、大勢のインディオの手を斬りおとしたり、鼻を削ぎおとしたり、虐殺したりして、破滅へ追いやったらしい。

また、例の隊長《カピタン》はその残忍な男に数名のスペイン人をつけてボゴター地方へ派遣した。その目的は、かつて隊長《カピタン》自らボゴター地方最大の首長を拷問の末に殺してしまっていたので、その跡を継いだ新しい首長の正体を確かめることであった。その男はかなり内陸深くまで隊を進め、その途中、行く先々で出会ったインディオをことごとく捕えた。しかし、インディオが新しい首長の正体を白状しなかったため、彼は、男女を問わず、インディオの両手を切断したり、インディオを獰猛な犬に投げ与えて、ずたずたに引き裂かせたりした。このようにして、この残忍な男は大勢のインディオの男女を殺害し、破滅へと追いやった。

ある日のこと、夜が明けそめる頃、その男は数名のカシーケ、つまり首長や大勢のインディオを襲撃しに出かけた。実は、そのインディオたちは、以前にその男が悪事や害を加えないと約束し、保証していたから、まったく平和に、安心しきって穏やかな生活を送っていた。すなわち、インディオはスペイン人の約束を信じ、身を隠していた山から姿を現し、かつて村があった平地で暮らしていたのである。したがって、彼らはまったく警戒心を抱かず、スペイン人の約束を信用しきっていた。ところが、その残忍な男は約束を反故《ほご》にし、大勢の男女を捕え、地面に手を広げさせ、自ら新月刀《アルファンヘ》を振りかざして彼らの両手を切断した。その時、彼はインディオに向かって、これはその王国を治める新しい首長の居場所を白状しなかったことに対する罰であると告げた。

また、次のような出来事もあった。その残忍な隊長《カピタン》は一つの箱に金をいっぱい詰めて差し出すようインディオに命じた。しかし、インディオがその命令に従わなかったとい

版画 17

う理由で、彼は部下を派遣し、戦争を仕掛けた。そして、スペイン人は無数のインディオを殺害し、男女に関係なく、数えきれないほどのインディオの手を切断し、鼻を削ぎ落とし、さらに、残りのインディオを獰猛な犬に投げ与えた。彼らは犬にずたずたに引き裂かれ、食い殺された(版画17)。

また、ある時、その新グラナダ王国のとある地方に住んでいたインディオたちは、三人か四人の有力な首長がスペイン人に焚殺されたのを知って恐れをなし、人面獣心のごとき敵から身を守るため、堅固な岩山へ逃げ込んだ。証人たちの話では、四〇〇〇人か五〇〇〇人のインディオがその岩山に身を隠したらしい。すると、例の隊長《カピタン》は彼らを処罰するため、ある札付きの無法者《ティラーノ》に数名のスペイン人をつけて派遣した。この無法者《ティラーノ》は、極悪非道ぶりにかけては、その地域を荒らしまわるのをこととした仲間の誰よりも上手《うわて》であった。インディオが疫病のごとき甚大な害や虐殺から身を避けると、スペイン人は彼らを反乱者呼ばわりしたが、それはまるで、インディオが何か不法な行為を働き、したがって、スペイン人には、彼らに罰を下し、復讐する権利があるかのような言い分であった。しかし、無辜《むこ》のインディオに対して慈悲の心や憐憫の情をほんのひとかけらも持ちあわせていなかったのはスペイン人の方であるから、彼らこそ、この上なく非道かつ情け容赦のない苦しみを受けてしかるべきである。

逃亡したインディオは裸同然で、武器など携えていなかったので、岩山へ向かったスペイン人たちは抵抗をものともせず山をよじ登った。彼らはインディオに向かって、敵意を捨てて出て来るよう伝え、抵抗しなければ、絶対危害を加えないと約束した。それを聞いて、インディオは戦いを止めた。すると、その残虐きわまりない男はスペイン人に、まず岩山にある砦を全部占拠し、それから、インディオに攻撃を加えるよう命令を下した。そうして、虎やライオンがおとなしい羊に襲いかかるように、スペイン人はインディオに攻撃を加え、腹を切り裂き、剣を突き立てた。こうして、彼らは途中でひと息つかなければならなくなるほど、大勢のインディオをずたずたに斬りきざんだ。

しばらく休息をとってから、例の隊長《カピタン》はスペイン人に、未だ生き残っているインディオがいるかもしれないので、見つけ次第、彼らを全員、殺害し、その切り立った高い岩山から突きおとすよう命じた。そして、スペイン人は隊長《カピタン》の命令を実行に移した。証人たちが述懐しているところによれば、彼ら自身、七〇〇人ものインディオがことごとく岩山から投げおとされ、地上でばらばらになるのを目撃したらしい。そのうえ、スペイン人は持ち前の残虐ぶりを徹底的に発揮しようと考え、叢《くさむら》に身を潜めているインディオをひとり残らず見つけ出そうと懸命に探索をつづけた。残忍な隊長《カピタン》はインディオを全員、殺害するよう命じていたので、スペイン人は見つけ次第、彼らの生命《いのち》を奪い、岩山から投げおとした。しかし、隊長《カピタン》はそのような残忍きわまりない所業にも飽き足らず、さらにその名を高めようと、なおいっそう恐るべき罪を犯そうと考えた。そこで、彼はスペイン人に対し、生け捕りにした男女全員（というのも、スペイン人は虐殺を行なう時、あとで身の回りの世話をさせるために、各自、いつも数名のインディオ、男女や子どもを選んで身柄を拘束していたからである）を藁造りの一軒の家屋に閉じ込めるよう命じた。そうして、彼は、生け捕りにしたインディオの中から、とくにあとで使役するのに好都合そうなものだけを選んで除いておいて、残ったインディオを家屋に閉じ込め、そして、火を放つよう申し渡した。このようにして、およそ四〇人か五〇人のインディオが焼き殺された。また彼ら以外にも、その隊長《カピタン》の命令で、獰猛な犬に投げ与えられ、その結果、ずたずたに引き裂かれ、食い殺されてしまったインディオたちもいた。

また、この同じ無法者《ティラーノ》はコタ〔オタとも〕と呼ばれる村へ押し入り、大勢のインディオを捕えた。彼はそのうちの一五人か二〇人の首長や要人に犬をけしかけて、八つ裂きにさせ、残った大勢の男女の両手を切断し、それを縄に括り、横にわたした一本の長い棒にぶら下げたらしく、その棒には、七〇組の手がぶら下げられていたという。そうして、彼は、スペイン人がコタ村のインディオに加えた仕打ちを他の土地のインディオに見せつけようとした。さらに、その無法者《ティラーノ》は大勢の女性や子どもの鼻も削ぎ落とした。

神の敵ともいうべきこの男のたいそうご立派な振る舞いや残虐な所業をこと細かに説明できる人はいないであろう。というのも、彼がその地方やグアティマラ地方、それに、居合わせたあらゆる場所で重ねてきた残虐非道な所業は数知れず、過去に誰ひとり見たことも聞いたこともないものばかりだったからである。また、彼がそのような振る舞いに及んで先記の地方に暮らしていたインディオを破滅させ、その地域を焼き払ったのが今からずいぶん前のことだからでもある。

さらに、証人たちは例の調書の中で次のように述べている。新グラナダ王国で、以前同様現在もなお、隊長《カピタン》たちが率先して行なっている残虐非道な振る舞いや殺戮は数限りなく、また、目に余るものであった。それらの行為は、あの無法者《ティラーノ》たち、すなわち、人類の破壊者ともいうべき連中が例の無法者《ティラーノ》の隊長《カピタン》の指揮下、彼の同意を得て犯してきたものである。その結果、今や、王国全土が荒廃し、壊滅状態にある。スペイン人がインディオを虐殺するのは金を手に入れるためであったが、もはやインディオの手許には金はなかった。すでに、彼らは持っていた金をひとつ残らず、スペイン人に差し出してしまっていたからである。したがって、もし国王陛下が時機よく状況を改めるよう命じてくださらなければ、インディオはたちまち死に絶え、その結果、土地を耕すインディオはいなくなり、全土が荒れはて、人影も消えてしまうであろう、と。

さて、ここで特記しなければならないのは、神にも見捨てられたあの無法者《ティラーノ》たちの残酷かつ疫病のごとく有害な圧制がどれほど苛酷で激しく、悪魔の仕業としか思えないようなものであったかということである。その新グラナダ王国に滞在したことのある人なら誰もが語り、また、例の調書で証人たちが証言しているところによれば、その王国はこの世でもっとも人口の稠密なところであったが、王国が発見されて二、三年もすると、無法者《ティラーノ》たちがあまりにも無慈悲に、また、神と国王を畏れることなく、その住民たちを殺害し、王国を荒廃させてしまったので、もし国王陛下がただちに彼らの極悪非道な所業を阻止されなければ、誰ひとり生きのびることはできないほどであるらしい。そのことに関しては、私もそのとおりだと確信している。というのも、私はこれまでにインディアス各地にある広大な地方を数多くこの目で見てきたし、それらが短時日のうちに破壊され、完全に人影のない荒れはてた土地へ姿を変えていったのも実際に目撃してきたからである。

ポパヤーンとカリと呼ばれる広大な地方と、そのほか三つか四つの地方がこの新グラナダ王国に隣接して広がり、その広さは五〇〇レグア以上に及んでいる。スペイン人はこれまでと同じ手口でそれらの地方を荒廃させ、破壊し、暮らしていた無数のインディオを強奪したり、既述したような拷問や虐待を加えて殺害したりした。それというのも、土地がきわめて豊饒であったからである。現在同地方から帰ってきた人たちの話によれば、彼らが実際に道すがら目撃したことだが、いくつもの大きな村が焦土と化し、荒れはてた光景を目にするのはじつに辛く、胸の張り裂ける思いがしたらしい。中には、かって一〇〇〇戸か二〇〇〇戸を抱えた大きな村があったが、その村も今ではわずか五〇戸しかなく、あとはことごとく焼き払われ、人影がなくなったという。さらに、彼らはいくつもの地域を通過する際、一〇〇レグア、二〇〇レグア、ところにより三〇〇レグアにもわたって、大きな村がことごとく荒らされ、焦土と化し、破壊されているのを目撃したのである。

最終的に、大勢の無法者《ティラーノ》は六〇〇レグア以上に及ぶ土地を根こそぎ破壊し、暮らしていた人たちを鏖殺《おうさつ》してしまった。というのも、ペルーの諸王国からは、札付きの残忍な無法者《ティラーノ》たちがキト地方方面から新グラナダ王国やポパヤーン、カリへ、また、カルタヘーナとウラバーからは、神にも見捨てられた別の無法者《ティラーノ》たちがキトへ向かい、さらにやがて、また別の無法者《ティラーノ》たちがサン・ファン川流域地方、すなわち、南の海《マール・デル・スール》に面する沿岸地方からキトへ向かって進軍した結果、全員が一堂に会し、その地域を蹂躪《じゅうりん》し、数えきれないほどの霊魂を地獄へ追いやることになったからである。しかも、彼ら無法者《ティラーノ》たちは今日この日も依然として、生きのびている哀れな人びとに対して、なんら罪を犯してもいないのに、同じ仕打ちを加えつづけているのである。

私は冒頭に提示した法則《レグラ》、つまり、スペイン人があの従順な羊たちに加える圧制と暴力、それに不正な行為は、時が経過するにつれて、その苛酷さ、非道ぶりや悪逆さがますますひどくなっていくという法則《レグラ》の正しさを立証するため、ここでは、現在もそれらの諸地方で行なわれている所業の中で、とりわけ地獄の業火《ごうか》と責め苦を受けるに足る出来事について述べることにする。

スペイン人は戦争で人びとを殺害し、土地を壊滅させてから、既述したように、生き残ったインディオたちを恐ろしい奴隷状態に陥れた。つまり、ある悪魔には二〇〇人、また別の悪魔には三〇〇人というように、インディオを委託《エンコメンダール》したのである。噂によれば、委託を受けたある悪魔は一〇〇人のインディオに出頭を命じ、彼らが小羊のようにやって来ると、そのうちの三〇人か四〇人の首を刎ねさせた。そして、彼は残りのインディオに向かって、「もし働きがよくなかったり、許可なくここから立ち去ったりすると、奴らと同じ目に遭うぞ」と申し渡したそうである。

この文書を読んでおられる方々《かたがた》に是非考えていただきたいことがある。それは、スペイン人のそのような所業がいったいどのような行為なのか、その残虐さと不正ぶりは人間の想像できる限度をはるかに越えているのではないか、そのようなキリスト教徒には悪魔という名前の方がふさわしいのではないか、そして、インディオをインディアスにいるキリスト教徒に委託《エンコメンダール》するより、地獄の悪魔に引き渡す方がまだましではないのかということである。

さて、つぎに、スペイン人の行なった別の所業について述べようと思うが、私には、それが先に述べた振る舞いと比較して、どちらが、その残虐性や邪悪さ、それに野獣のような凶暴性の点でひどかったのか、判断がつかない。

先記のとおり、インディアスにいるスペイン人はこの上なく獰猛かつ凶暴な犬を調教して、インディオを噛み殺し、ずたずたに引き裂くよう仕込んでいた。真のキリスト教徒である人びと、また、そうでない人たちも、おそらくこれまでに耳にしたことがないだろうが、彼らスペイン人は行軍中、その犬の餌として大勢のインディオをまるで豚の群れのように、鎖に繋いで連れ歩いていたという事実を知っておいてほしい。そして、スペイン人はインディオを殺しては、その肉、すなわち、人間の肉を公然と売買していた。彼らは、「この犬に食べさせてやりたいので、そいつの四半分の肉を貸してくれないか。今度、俺のインディオを殺したら、返すから」と、まるで豚か羊の肉の四半分を貸し借りするように話し合っていた。また、朝方、犬を連れて狩りに出かけ、昼食をとりに戻ったとき、互いに狩りの成果を尋ね合い、「上々だ。奴らを一五か二〇ぐらい、俺の犬に食い殺させたよ」と答えるスペイン人たちもいた。以上記したこれらの所業は例外なく、また、そのほかいくつもの悪魔のような仕打ちは、現在、無法者《ティラーノ》たちがそれぞれ、かつての仲間を相手に起こした訴訟の中で明らかにされている。この世に、スペイン人が犯したこのような所業以上に醜悪かつ野蛮で非人間的な行為はないであろう。

〔結　辞〕

以上をもって、ひとまず筆を擱《お》きたい。もっとも、これまでに述べてきたことを凌ぐほどの目に余る悪事(その余地があるとすればの話だが)に関する情報がもたらされるか、あるいは、われわれ自身がふたたびインディアスへ戻り、新たな出来事を目撃することになれば、その時にはまた筆をとるかもしれない。しかし、これまで四二年間にわたり、われわれはインディアスにおいてスペイン人の悪行をたえず見てきたので、私は神と良心に誓い、自分の判断と確信にもとづいて次のとおり断言することができる。つまり、スペイン人があのインディアスの人びとに対して数知れないほどの乱暴、不正、略奪、虐待を働き、この上なく恐ろしい所業を重ね、彼らを虐殺し、絶滅させただけでなく、インディアス各地を荒らしまわり、破壊し、壊滅させてしまった(それは相変わらず現在も、インディアス各地で行なわれている)ことについて、私がこれまで書きつづり、強調してきた事柄は、すべてを合わせても、質量ともに、以前同様現在も行なわれつづけていることの万分の一にも及ばない、と。

私は、キリスト教徒なら例外なく、あの無辜《むこ》の民により大きな憐憫の情を抱き、彼らが受けた破壊と永遠の苦しみにいっそう心を痛め、他方、スペイン人の強欲と野心と残忍ぶりをこれまで以上に咎め、嫌悪し、憎むようになるのを願っている。それゆえ、キリスト教を奉じる人はすべて、これまでに述べてきたことに加えて、以下に述べる事柄も真実確かなことだと理解していただきたい。つまり、インディアスが発見されてこのかた、インディアスのどのインディオも、まずキリスト教徒が不正や強奪を働いたり、信頼を裏切ったりしない限り、彼らの方からキリスト教徒に害を加えたことなど一度もなかったということである。インディオはキリスト教徒の所業を見て彼らの正体や狙いを知るようになるまでは、彼らのことを不死身で、天から舞い降りてきた人たちと思い、実際、そのように歓迎していたのである。

ここで、いまひとつの事実を付け加えるのが適当であろう。つまり、スペイン人はインディオと初めて出会ったときから今日に至るまでずっと、彼らのことをまるで犬かその他の畜生同然にみなし、キリストの教えを説き弘めることにまったく関心を示さず、それどころか、聖職者たちが説教できないように、数多くの危害や迫害を加え、彼らの主たる目的である布教活動を禁止していたということである。というのも、スペイン人は布教活動を自らの欲望を満たしてくれる金と財宝を手に入れる妨げになると思ったからである。したがって、今日、インディアスに暮らしているインディオが抱いている神に関する認識と言えば、神は木でできているとか、天上にいるとか、あるいは、地上にいるとかといった程度のものであり、一〇〇年前とそう変わらないのである。聖職者たちが歩き回ったヌエバ・エスパーニャでは、状況はそれとは異なるが、しかし、ヌエバ・エスパーニャはインディアスのごく狭い一隅にすぎない。そういうわけで、インディオはことごとく、信仰の光に照らされることも秘蹟を授かることもなく死に絶えてしまったのであり、その状況は現在も依然として変わっていない。

不肖、私ことドミニコ会に所属する修道士バルトロメー・デ・ラス・カサスまたはカサウスは現在、神の御慈悲によりここスペインの宮廷において、インディアスから地獄のような光景が消えてなくなるよう努力しているが、それは、主イエス・キリストの血で贖《あがな》われたあの数知れないほど多数の霊魂がこれまで同様いつまでも、なす術《すべ》なく生命《いのち》を奪われていくことのないよう、また、彼らが創造主の存在を知り、永遠の救いを得られるようにとの切なる思いからである。私は祖国カスティーリャの行く末を案ずるがゆえ、スペイン人が神の信仰とその名誉に背き、隣人に対し大罪を犯しつづけたことを理由に、神がわがカスティーリャを滅亡されないことを願っている。また、私は、ここ宮廷にあって、神の名誉を畏怖し、はるか彼方に住む隣人たちが蒙っている苦しみと災禍に大いに心を痛めておられる一部の貴顕からたび重なる要請を受けて、この計画〔報告書の執筆〕を抱いていたが、絶え間ない仕事に忙殺され、それを果たせなかった。

しかし、一五四二年一二月八日、私はバレンシアでようやくこれを仕上げることができた。ところが、まさにこのころ、キリスト教徒がいるインディアス各地では、すでに記したようなありとあらゆる暴力、圧迫、無法、殺戮と略奪、土地の破壊、壊滅と荒廃、それに、住民たちの苦しみと災禍などが猛威を揮い、極みに達しているのである。もっとも地方により、その残忍さや忌まわしさには差があり、例えば、メキシコとその周縁部では、ほかの地方と異なり、幾分か(もっともほんのわずかだが)正義が守られ、住民たちの被害も比較的小さいか、少なくとも悪事が公然と行なわれることはなかった。とはいえ、そこでもやはり、キリスト教徒は苛酷な租税を要求して、インディオを死へ追いやっているのである。

今や、皇帝陛下にしてスペイン国王であるわれらが主君ドン・カルロス五世陛下は、あの土地であの人びとに対して、以前同様現在も、神の御心と陛下の御意向に背いて、数々の悪事や裏切りが行なわれてきたことを諒解されておられますゆえ(と申しますのも、これまでは国王陛下には、真実が巧妙に隠蔽されてきたからであります)、正義を愛し、尊ばれる御仁として、必ずやそれらの悪事を根絶され、神が陛下に授けられたあの新世界を救済されるにちがいないと、私は衷心より期待しております。願わくは、全世界に遍く存在する自らの教会全体の救いのため、また、陛下ご自身の最終的な救霊のために、全能なる神が陛下の栄光に輝く幸福な生涯と皇帝の地位に対して、長きにわたるご加護を垂れられんことを。アーメン。

〔付　記〕

私が以上のことを記したのち、一五四三年、マドリードの町でいくつかの法令と布告[32]が公布された。それらは、陛下が一五四二年一一月にバルセロナ市で制定されたものであり、陛下はそれらの法令などを通じて、神に背いて隣人に加えられた、あの世界〔インディアス〕を完全に破壊し、絶滅させるような夥しい数の不正と罪が二度と犯されることのないようにと願って、当時、そのために必要だと考えられた命令を下されたのである。陛下はそれに先立ち、高位高官や学識者、それに聖職者たちを何度もバリャドリードの町に召集し、討議討論を重ねさせた。会議に参加した人たちは、大半がそれぞれ私見を文書にして提出し、最終的に彼らの意見の一致をみたうえで、それらの法令は制定された。彼らは真のキリスト教徒として、誰よりも主イエス・キリストの教えの命じる諸規範の履行を訴え、決してインディアスから略奪した財宝に目が眩んだり、心を奪われたりしなかった。当時、インディアスの統治を任務としていた大勢の人びとはインディアスの財宝に心を奪われて手を汚し、とくに魂を腐敗させていた。その結果、彼らは、自らがインディアスの破壊に加担していながら、それに気づかず、また、その事態に心を動かされなくなるほど盲目になっていた。

一方、当時宮廷にいて無法者《ティラーノ》たちの代理人を務めた人たちは、先記の法令が公布されると、その謄本を数多く作成し、インディアス各地へ送った(それらの法令が彼らにとってもじつに厄介なものであったからである。というのも、略奪や圧制の分け前に与《あずか》る道が閉ざされたように思えたからである)。他方、インディアスに身を置いて暴虐を働き、もっぱらその地を略奪し、破壊し、絶滅させるのをこととしていた連中は一度として秩序を守ったことがなく、それどころか、ルシファー〔悪魔〕にしかできないような大混乱を常に惹き起こしていた。そして、それらの法令を実施することになった新任の役人が赴任する以前に、連中はその謄本に目を通し(そう伝えられているし、事実だと信じられてもいる)、本国にあってそれまでずっと、彼らがインディアスで罪を重ね、暴力を揮うのを支持してくれた人たちから、新任の役人の果たすべき役割を知らされ、挙措を失った。したがって、廉直な役人が法令を実施するために着任した時には、(連中はすでに神への愛と畏怖心を失っていたので)羞恥心や国王に対する忠誠心を捨て去る覚悟を決めていた。こうして、連中はもともと残虐きわまりない無節操な無法者《ティラーノ》であったので、自ら裏切者という汚名を引き受けることになった。

とりわけペルーの諸王国では、本年、つまり、一五四六年においてもなお、かつてインディアスでも世界中でも行なわれたためしのない恐ろしい、身の毛もよだつような忌まわしい所業が犯しつづけられている。その結果、インディオはすべてか、そのほとんどが死に絶え、その土地から人影ひとつなくなってしまった。しかも、それらの恐るべき行為はインディオに対して行なわれただけではなく、神の正しい裁きにより、スペイン人同士の間でも行なわれている。[33]つまり、インディアスでは、スペイン人を処罰すべき国王の裁きが下されたことがなかったので、裁きは天上より下され、無法者《ティラーノ》同士が互いに相手の死刑執行人役を果たすよう整えられたのである。

ペルーにいるこのような無法者《ティラーノ》たちの反乱に力をえて、あの世界〔インディアス〕の各地で、スペイン人は先記の法令を守ろうとはせず、ペルーにいるスペイン人同様、法令〔の撤回・修正〕を訴えるという名目で反乱を起こしている。[34]というのも、すでに手に入れた地位や略奪して築いた財産を放棄したり、永代奴隷として保有しているインディオを解放したりするのはじつに不都合なことだったからである。確かに、たちどころに剣をふるってインディオを殺害するのをやめたところもあるが、それでも、その代わり、スペイン人は彼らを家内労働に酷使したり、そのほか不当で耐え難い数々の苦役を課したりして、じわじわと死へ追いやっている。しかし、今にいたるまで、国王でさえ、それを阻止することは叶わない。なぜなら、身分の上下に関係なく、スペイン人は誰も彼もが、程度の差こそあれ、略奪に耽っているからであり、中には、あからさまに公然と略奪を働く者もいれば、密かにこっそりと略奪を行なう者もいる。彼らは、それも国王に仕えるためだとごまかしているが、実際には、神を冒瀆し、国王の財産を奪い、破壊しているのである。

この報告はいとも高貴にして国王に忠実なる町セビーリャの書籍印刷業者セバスティアン・トゥルヒーリョの店にて印刷された。慈悲深き聖母マリアに捧げる。一五五二年。

訳注

（1） **Indias** インディアスとは、主に一五世紀末から一九世紀初頭に至るまで、スペインが領有した南北両アメリカ大陸の地域を指す公式名称。正確には、現在の西インド諸島およびフィリピン群島も含まれる。

（2） **Casaus** 「カサウス」はバルトロメーの本当の姓(母方)でなく、セビーリャに居を構えていた由緒あるフランス系家族の姓といわれる。バルトロメーは、自分が高貴な出自であるのを主張するためにこの姓を付記したと考えられている。なお、バルトロメーがカサウスの姓を書き加えたのは一五五二年に印刷された本報告書が最初である。

（3） 当時の王室役人アロンソ・デ・サンタ・クルスの記録によれば、ラス・カサスは一五四二年五月にバリャドリードで開催予定の会議のために「かなり浩瀚《こうかん》な報告書」を準備し、実際に会議でそれを五日にわたって読み上げたという。その後、ラス・カサスは国王カルロス一世に征服《コンキスタ》の非道さを訴えるためにその文書の要約を作成した(同年一一月、バレンシアで擱筆《かくひつ》)。それが一五五二年に印刷された『インディアスの破壊についての簡潔な報告』の草稿と考えられる。

（4） **tierra firme** 本来は「陸地」という意味で、必ずしも「大陸」を意味しない。固有名詞として用いられる場合、狭義ではダリエーン、ベラグアおよびパナマの三地方からなる南アメリカの王国(カスティーリャ・デ・オロ)を指す。ラス・カサスはここでは漠然と「大陸」全体を指す言葉として使用しているが、狭義で特定の地域を指す言葉として用いている場合もある。

(5) **alguacil** 下級の司法官吏で、判決の執行などを担当。

(6) **cacique** エスパニョーラ島のタイノ人(アラワク語族)の言葉 ka-siqua に由来し、本来は「家長」とか「首長」を意味する。当時のスペイン人記録者《クロニスタ》は「王」とか「小王《レグロ》」と訳しているが、本訳書では統一して「カシーケ」と記した。内容的にはきわめて幅広く用いられ、小さな村を治める長《おさ》を指すこともあれば、アステカ(メシーカ)王国やインカ帝国のような広大な領域を支配した統治者を指すこともある。なお、本訳書では、原書にしばしば出てくる señor を適宜「領主」とか「首長」と訳出したが、これもカシーケと同じく内容的には幅広く用いられている。

(7) **Cristóbal Colón** 〔一四五一〜一五〇六年〕。イタリア・ジェノヴァ生まれの航海者。イタリア語ではクリストフォロ・コロンボ、英語ではクリストファー・コロンブス。ラス・カサス家とコロン家の関係は深く、ラス・カサスの父ペドロはコロンの第二次航海(一四九三年秋に出港)に参加した。現存するコロンの第一次航海の日誌はラス・カサスによる要約手稿であり(マドリード国立図書館蔵)、また、第三次航海に関するコロン自身の書簡の一部もラス・カサスによる写本が原典とされている。ラス・カサスは彼の大著『インディアス史』*Historia de las Indias* でコロンの日誌や書簡を頻繁に引用している。文中で viejo Almirante と記されているのは第二代提督

（実子のディエゴ・コロン）と区別するため。

（8）　甘藷は一四九三年末頃にエスパニョーラ島へ移植されたが、その後、スペイン人がこぞって金の採掘採取に従事したため、栽培はあまり普及しなかった。しかし、一五〇三年に砂糖生産の小規模な工場《インヘニオ》が建設されると、甘藷の栽培が急速に拡大し、製糖業は島の経済の一翼を担うようになった。ラス・カサスによれば、インディアスで最初の砂糖が生産されたのは一五〇五年か一五〇六年、ラ・ベガにおいてである。甘藷の圧搾作業に従事するインディオが大勢、その苛酷な労働がもとで死亡し、そのため、ラス・カサスはインディオに代わる労働力として黒人奴隷の導入を勧告するにいたった。

（9）　一五〇三年一二月二〇日、カトリック女王イサベルはエスパニョーラ島の総督《ゴベルナドール》ニコラス・デ・オバンドの報告と要請にもとづいて勅令を発布した。それには、インディオをキリスト教徒と交際させ、彼らのキリスト教への改宗を促進することと、インディオを金、銀そのほかの貴金属の採掘等の労働に従事させること、インディオの労働に対しては正当な報酬を支払うこと、祝祭日にはインディオを召集し、カトリックの信仰を説くこと、カシーケはスペイン人が必要とする労働に従事する一定数のインディオを確保しておくこと、インディオは奴隷ではなく自由な人間として使役されること等が規定されている。

（10）　一五〇〇年六月二〇日、イサベル女王はセビーリャから勅令を発布し、インディオの奴隷化を禁止し、カスティーリャ王国の自由な臣民としてインディオを扱うよう命じた。その勅令に従い、ラス・カサスは彼に仕えていたインディオを解放した。ラス・カサスは数々の論策、覚書や作品の中でも、女王がインディオのキリスト教への改宗に対して抱いた熱意を高く評価している。

(11) サン・ファン島へ向かったのはファン・ポンセ・デ・レオン、ジャマイカ島へ遠征したのはファン・デ・エスキベール。

(12) エスパニョーラ島の総督《ゴベルナドール》ディエゴ・コロンの命令で、ディエゴ・ベラスケスの率いる遠征隊がキューバ島へ渡った。ラス・カサスは従軍司祭としてパンフィロ・デ・ナルバエスの率いるスペイン人のアバーナ(ハバナ)地方遠征に参加し、スペイン人の極悪非道な征服《コンキスタ》をつぶさに目撃した。

(13) コロンが植民者を統率した時代(一四九七〜九九年)に、インディオの土地や生産物がスペイン人に分配されたり、鉱山や農園における労働力としてインディオが分配されたりした。ラス・カサスはこれをレパルティミエント repartimiento(分配)制度の始まりだとし、のちにそれがエンコミエンダ encomienda(委託)制度と呼ばれるようになったという。レパルティミエントとは、インディオだけでなく、土地、生産物などの分配を意味し、その目的はスペイン人植民者の生活を保護することにあった。一方、エンコミエンダ制は一五〇三年にイサベル女王によって導入されたもので(注9参照)、国王の臣下とみなされたインディオを一定数、一定期間に限ってスペイン人に割当て、そのスペイン人(エンコメンデロという)にインディオのキリスト教への改宗と文明化および保護を委託する代わりに、インディオ労働力の使役を許可した制度である。但し、一六世紀前半、この二制度は記録文書《クロニカ》や勅令などを見る限り、明確に区別されていない。

(14) ここではアメリカ大陸全域ではなく、ダリエーン湾を取り囲む地域、すなわち、現在のパナマ、コスタ・リカとコロンビアの北部海岸を指す。

(15) **requerimiento**　一五一二年に開催されたブルゴス会議において、植民者スペイン人と被植民者インディオとの関係や征服《コンキスタ》の正当性について審議され、その結果、インディアス関係の最初の植民法典である「ブルゴス法」Leyes de Burgos が制定された(一五一二年一二月二七日)。この時、インディオ擁護派のドミニコ会士たちが不正な征服《コンキスタ》戦争を中止させる勅令が発布されるまで新しい遠征隊の派遣を停止するよう要求したため、アラゴン国王フェルナンド(カスティーリャの摂政)は審議会を召集し、いかにすれば征服《コンキスタ》が正当となるかを検討させた。その結果、当時最も権威ある法学者であるファン・ロペス・デ・パラシオス・ルビオスが征服《コンキスタ》を法的に正当化するための文書を編纂した(一五一三年)。それが降伏勧告状《レケリミエント》と呼ばれる文書である。降伏勧告状《レケリミエント》は、聖書に従って世界の創造を説き、キリストがすべての人びとの上に聖ペテロを置かれたといい、さらに、世界の支配者であるローマ教皇アレクサンデル六世がインディアスをスペイン国王に授与、譲渡、委託された経緯を述べる(いわゆる一四九三年五月三日付けの「贈与大教書」)。征服者《コンキスタドール》は軍事活動を始める前に、インディオたちに対してこの降伏勧告状《レケリミエント》を読み上げ、世界の至上の権威者である教会とローマ教皇、それにインディアスの支配者としてのスペイン国王について知らせ、服従するよう説得し、最後に、インディオにその内容を理解し、協議するための時間的猶予を与えなければならなかった。そして、もしインディオが服従を拒否したり、故意に決定をひき延ばしたりすれば、スペイン人はインディオの領土に侵入し、彼らを殺害し、捕え、財産や土地を奪い、できる限りの害を加えることができることになった。なお、この降伏勧告状《レケリミエント》はカスティーリャ語(現在のスペイン語)で記されていた。

(16) ファン・デ・ケベード(フランシスコ会士)は一五一四年にダリエーンの司教としてペドラリアス・ダビラの遠征隊とともにインディアスへ渡った。のち、スペインへ戻り、一五一九年、スペイン国王カルロス一世の御前で、インディオの本性をめぐりラス・カサスと激論を交わした際、アリストテレスの自然奴隷説をインディオに適用した。

(17) 当時のメシーカ王国の中心メシコ・テノチティトラン Mexico-Tenochtitlan(現在のメキシコ市)は一四世紀前半にテスココ湖上の島に建設された都市であり、陸地から三本の堤道が町へ通じていた。スペイン軍はそのうち、湖南に位置するイシュタパラパから堤道を通って進撃した。なお、植民地時代、町は頻繁に冠水したため、埋め立て事業が行なわれ、今日見るような大都市へと変貌した。

(18) エルナン・コルテスは上官であったキューバ島総督《ゴベルナドール》ディエゴ・ベラスケスの出港停止令を無視し、独断的にメキシコ征服へ向かった。そのため、ベラスケスはコルテスを追討するため、配下のパンフィロ・デ・ナルバエスの率いる一隊を派遣した(一五二〇年三月)。

(19) 「悲しき夜《ノーチェ・トゥリステ》」noche triste といわれる事件(一五二〇年六月三〇日)。この時、インディオの襲撃で、一三〇〇名余りのスペイン人兵士のうち、八〇〇名ないしは九〇〇名が死亡したと伝えられる。

(20) ラス・カサスは一五四〇年にグアティマラからスペインへ帰国するとき、ホンジュラスを通過した。

(21) **Audiencia** インディアスのアウディエンシアはスペインのそれとは異なり、最も重要な司法機関であると同時に行政機関でもあった。最初のアウディエンシアは一五一一年一〇月にエスパニョーラ島サント・ドミンゴに設置された。長官《プレシデンテ》(一名)、聴訴官《オイドール》(数名)、検察官(一〜二名)、大警吏《アルグアシル・マヨール》などがその重要な構成員で、民事および刑事訴訟を主に管掌し、とくに、下級裁判所による判決に対する控訴審を担当した。行政問題に関しては、副王《ビレイ》(注25を参照)や総司令官《カピタン・ヘネラル》の諮問機関として、スペインの枢密院のような機能を果たした。ヌエバ・エスパーニャのアウディエンシアは一五二七年一二月一三日付の勅令で設置が決定され、長官《プレシデンテ》にヌニョ・デ・グスマーン、聴訴官《オイドール》にディエゴ・デルガディーリョ、マルティン・オルティス・デ・マティエンソ、フランシスコ・マルドナード、アロンソ・デ・パラーダが任命された。

(22) 一五二八年に「インディオ保護官」として赴任したメキシコ初代司教フアン・デ・スマラガ(フランシスコ会士)を中心にフランシスコ会士たちは第一アウディエンシアの悪政を厳しく非難し、インディオの擁護に努めた。スマラガはグスマーンはじめ、第一アウディエンシアの役人たちの専横ぶりを本国へ告発し、その結果、一五三〇年四月五日、第二アウディエンシアの設立が決定された。長官にはセバスティアン・ラミレス・デ・フエンレアール、聴訴官《オイドール》にはバスコ・デ・キローガ、アロンソ・マルドナード、フランシスコ・デ・セイノス、ファン・デ・サルメローンが任命された。

(23) **visitador** 国王が派遣する調査担当官で、派遣される時期は決まっていない。制度として確立するのはフェリペ二世(在位一五五六～九八年)の時代。それぞれの土地の自然環境、生産物や住民数、インディオのキリスト教への改宗状況や偶像崇拝の実態、インディオが受けている待遇や、下級役人などの義務遂行の有無などについて調査することになっていた。

(24) 『ローマの信徒への手紙』(一・二八)からの引用。「彼らは神を認めようとしなかったので、神は彼らを無価値な思いに渡され、そのため、彼らはしてはならないことをするようになりました。」ラス・カサスは以前、二度にわたり、この句を引用したが、ラテン語文をそのまま引用したのはここが最初である。

(25) **virrey** 副王《ビレイ》という称号はコロンにも与えられていたが、名誉称号にすぎなかった。実質的な副王制が敷かれたのはヌエバ・エスパーニャが最初である(一五三五年)。副王《ビレイ》は本国の名門貴族の中から選ばれ、インディアスにおける王権の代行者として大きな権力を握っていたが、実際にはアウディエンシアによりその権力はかなり制限された。

(26) ラス・カサスはインディオのキリスト教への改宗と歳入の恒常的増加、それにスペイン人植民者の生活の安定を実現できるような植民計画を抱き、そのためにはスペインの農民家族をインディアスへ移住させることが不可欠だと考えた。この計画は、一五二〇年五月、国王カルロス一世より実行許可の勅令をえて、現南アメリカ北部のパリアからサンタ・マルタに至る二六〇レグアの海岸地方で実行に移されることになった。これがクマナー計画で、結局、この計画は、移住農民たちの離反、植民地政府および植民者の敵意や計画実施地におけるスペイン人と先住民の対立などが原因で失敗に終わった(巻末関連年譜参照)。

(27) アウグスブルクの金融業者ヴェルザー家との協定。ラス・カサスは一五二六年としているが、ベネスエラの植民権に関する協定が締結されたのは一五二八年三月二七日のことである。一般に、カルロス一世はヴェルザー家に対する負債返済の形でベネスエラの植民権を与えたとされているが、むしろ、ハプスブルク家とヴェルザー家との親密な家族的関係などの私的な理由によるものと考えられる。すでに、一五二五年、カルロス一世はヴェルザー家にインディアスとの交易権を認め、ヴェルザー家はセビーリャとエスパニョーラ島サント・ドミンゴに商館を構えていた。

(28) **Consejo de las Indias**　正式にはConsejo Real y Supremo de las Indias。フェルナンド王の時代にもインディアス会議は存在したが、当時フアン・ロドリゲス・デ・フォンセーカという人物がインディアス関係の事柄に関して絶大な権力を握っていたため、実質的な活動をしていなかった。フォンセーカの死後、一五二四年八月一日に勅令が発布され、本国においてインディアス関係の事柄を扱う国王直属の機関として創設された。主に、インディアスの統治、経済活動および治安維持やインディオのキリスト教への改宗に関する法令の編纂と発布(国王の承認後)、インディアス関係の事件の最上級控訴審、インディアスとの連絡保持、インディアスへ赴く役人や聖職者(司教など)の推薦と任命などを管掌した。

(29) 一般に「インカの反乱」と呼ばれ、ピサロによるクスコ占領後にインカ王族の一部が起こした反スペイン運動で、「ペルーにおける最初の領土奪還運動《レコンキスタ》」とも称せられる。一五三六年に決起したマンコ・インカはその後スペイン人に暗殺されるが(一五四四年)、運動はその後もビルカバンバを拠点に、インカ王族の血を引くサイリ・トゥパク、ティト・クシ・ユパンキ、トゥパク・アマルに受け継がれ、一五七二年、第五代ペルー副王《ビレイ》ドン・フランシスコ・デ・トレドの時代に武力鎮圧されて終焉、ここに名実ともにインカ帝国は滅亡。

(30) **Nuevo Reino de Granada** 一般にはヌエバ・グラナダ王国と呼称され、現在のコロンビア、とくにその首都サンタ・フェ・デ・ボゴター周辺の地域を指す。

(31) **tormento del trato de cuerda** イタリア起源の拷問。ストラパッド。罪人をロープで後ろ手に縛って吊りあげた後、急に落として地面に着く寸前に引っ張って苦しめるもの。

(32) 正式には、「国王陛下がインディアスの統治並びにインディオに対する正しい扱いと保護を目的として新たに制定された法令および命令」Leyes y Ordenanzas nuevamente hechas por S. M. para la gobernación de las Indias y buen tratamiento y conservación de los indios といい、略して「新法」Leyes Nuevas と呼ばれる。一五四二年一一月二〇日に制定された全四〇条から成る植民法。翌年六月四日、六カ条が補足され、同年七月八日に公布された。インディオの奴隷化禁止、インディオの強制労働の禁止、新しいエンコミエンダ制の中止など、インディオの保護と正しい統治を目指して制定された。

(33)「ペルー内乱」といわれ、三つの時期に分けられる。クスコの領有をめぐるフランシスコ・ピサロとディエゴ・デ・アルマグロとの戦い(ラス・サリーナスの戦い、一五三七〜三八年)、アルマグロの息子とペルー新総督《ゴベルナドール》バカ・デ・カストロとの争い(チュパスの戦い、一五四一〜四三年)とゴンサロ・ピサロの反乱(一五四四〜四八年)である。

(34)「新法」の実施に際し、王室は巡察官としてペルーにブラスコ・ヌニェス・ベラ、ヌエバ・エスパーニャにフランシスコ・デ・テリョ・デ・サンドバル、ティエラ・フィルメにミゲル・ディアス・デ・アルメンダリスらを派遣した。ペルーでは、ゴンサロ・ピサロが「新法」の撤回を要求して副王《ビレイ》ヌニェス・ベラと対峙し、反乱をつづけ、ヌエバ・エスパーニャでは、メキシコ市会が本国へ代表団を送り、「新法」の撤回・修正を求めた。その結果、一五四五年一〇月、国王は「新法」の中で最も重要なエンコミエンダ制廃止条項などを撤回するに至った。

解　説

バルトロメー・デ・ラス・カサス(一四八四〜一五六六年。以下、ラス・カサスと略記)は一六世紀、スペインが押し進める新大陸征服の正当性を否定し、被征服者インディオの擁護に尽くしたスペイン人聖職者で、「インディオの使徒」とか「アメリカの父」と讃えられる。もともとラス・カサスは征服者《コンキスタドール》として新世界へ渡り(一五〇二年)、エスパニョーラ島やキューバ島で数々の征服戦争に参加し、論功行賞としてインディオの分配に与《あずか》り、植民者として開拓事業にも携わった。しかし、同国人の進める征服戦争の非道な実態とエンコミエンダ制(功績に応じてスペイン人にインディオを分配し、彼らの改宗化を委託すると同時に、彼らを労働力として使役するのを認めた制度。受益者はエンコメンデロと呼ばれた)における先住民インディオの悲惨な状況をつぶさに目撃するに及んで「回心」を経験し、ドミニコ会に入会(一五二二三年)、以後帰天するまで一貫して、征服戦争の全面的禁止や擬装奴隷制と変わらないエンコミエンダ制の即時撤廃を訴える活動に挺身する一方、数多くの論策や記録文書《クロニカ》を執筆した。このように、ラス・カサスはスペインの植民政策に異議を唱え、「人類はただ一つ」という信念のもと、虐げられた人びとの生命《いのち》と自由を擁護するために半生を捧げたことから、「反植民地主義の闘士」とか「人権擁護運動の先駆者」とも評価される。

これ以外の、ラス・カサスに関する詳細はわが国で公刊されている関係文献（参考文献参照）や巻末の関連年譜に譲り、以下では、近年はじめて公刊された『インディアスの破壊についての簡潔な報告』（以下『報告』と略記）の二篇の校訂版（「凡例」参照）にもとづいて、また、旧訳出版時（一九七六年）から現在に至るおよそ四〇年の間に明らかにされた新事実や研究成果を踏まえて『報告』を理解するうえで重要と思われる事柄をいくつか論じることにする。

一　インディアス問題とラス・カサス
――『報告』執筆前夜から印刷・刊行まで（一五四〇年～五二年）――

わが国ではあまり知られていないが、一五三〇年代初頭のペルー征服をめぐる一連の出来事、すなわち、征服者《コンキスタドール》フランシスコ・ピサロによるインカ王アタワルパの捕縛と幽閉(カハマルカ)、およびその後開かれた茶番劇同然の裁判でインカ王に下された死刑判決とその執行(本文一九〇～一九二頁)は、のちに「国際法」と呼ばれる国家間の関係を規定する新しい法体系を創出する直接の契機となった。つまり、ペルー征服の正当性に疑問を抱いたサラマンカ大学(スペイン)の神学部教授で当代随一の神学者・法学者と謳われたフランシスコ・デ・ビトリア(ドミニコ会士)が一五三九年の一月と六月、二回に分けてインディアス問題、具体的には、スペインによるインディアス征服・支配の正当性をテーマに特別講義を行ない(「インディオについて」「戦争法について」)、新しい法体系の基礎理論を提示したのである。ビトリア理論はその後スペインのサラマンカ学派からイエズス会士フランシスコ・スワレスに継承され、最終的にオランダのグロティウスにより自然法にもとづく「国際法」へと発展した。その意味では、インディアス問題は近代ヨーロッパにおける神学・法学思想に多大な影響を及ぼしたと言えよう。

しかし、そのような学問的貢献とは関係なく、ビトリアの講義は時のスペイン王室にとり看過できない重大な出来事であった。というのも、ビトリアは確かにスペインのインディアス征服・支配を正当化する新しい根拠《ティトゥロ》(権原)を提示したが、一方では、スペイン王室が一五世紀末以来その正当性を主張するのに主として依拠してきたローマ教皇の裁定、つまり、コロンブスの「新大陸到達」後の一四九三年五月にローマ教皇アレクサンデル六世が発布した「贈与大教書」(世界を二分割し、スペインにインディアスの領有権を認めたとされる教皇文書)に疑義を呈したからである。とりわけ、数年前(一五三七年)にローマ教皇パウルス三世が「インディオは奴隷ではなく、人間として扱われなければならず、彼らのキリスト教化は平和的でなければならない」という趣旨の大教書「スブリミス・デウス」を発布したとき、それをインディアスにおける国王特権《パトロナト・レアル》に対する侵害とみなし、大教書の撤収を求めるなど、ローマ教皇がインディアス関係の事柄に関与することに強い拒否反応を示したスペイン国王カルロス一世にとり、自国の代表的な神学者ビトリアが王室の従来の公式見解を根底から覆す主張を公にしたことは看過できなかった。したがって、王室がただちにサラマンカのドミニコ会士たちに箝口令を出し、聖職者がインディアス問題を公の場や文書で論じることを厳しく禁止したのも自然な成り行きであった(一五三九年一一月)。

スペイン王室が事態収拾に向けてそのように速やかな措置をとった背景には、ハプスブルク王家出身の国王カルロス一世が神聖ローマ帝国の皇帝(カール五世)として、宗教改革を契機に分裂状態に瀕したキリスト教世界の再統一に執念を燃やしていたことや、キリスト教世界を脅かすオスマン帝国の怒濤のごとき勢力拡大を阻止する必要に迫られていたこと、さらにはヨーロッパにおける覇権をめぐってヴァロア王家支配下のフランスと激しく対立していたという事情があった。また、スペイン王室が慢性的に財政逼迫に喘いでいたという事実もその背景として無視できない。換言すれば、当時、カルロス一世は未曽有の緊迫した歴史的環境に身を置いていたのである。したがって、カルロス一世がキリスト教世界の再統一、異教徒の覇権主義的侵略やフランスの勢力拡大の阻止を目指す対ヨーロッパ政策を滞りなく実行に移すためには、確実な財政的裏付けが必要不可欠であった。

ちょうどそのころ、とくにアステカ(メシーカ)王国とインカ帝国の征服を通じて、予想もしなかった莫大な量の金銀財宝が流入した結果、スペイン王室にとり、インディアスは国家財政を支える地理的空間として、次第にその重要性を高めていた。換言すれば、スペインにおけるインディアスの位置づけはかつての「海の彼方に位置する《オトロ・レイノ・デル・ウルトラ》もう一つの王国《マール》」から宗主国の財政を支える「植民地《コロニア》」へと大きく変化しつつあったのである。したがって、カルロス一世にとり、インディアス支配体制の確立は対ヨーロッパ政策を実行に移すうえで重要かつ焦眉の課題となっていた。それゆえ、スペインのインディアス征服・支配の正当性に疑義を呈するのは認めがたいことであり、それは、当時「カトリックの牙城」スペインと激しく対峙したフランスがスペインのインディアス独占支配体制を覆すためにカリブ海への進出を次第に強めていた事実を考慮すれば、なおさらであった。

そのようにインディアス問題をめぐって王室が重大な局面に立たされていたとき、ラス・カサスがおよそ二〇年ぶりに祖国スペインの土を踏んだ(一五四〇年六月、インディアスからの五度目の航海。ラス・カサス関連年譜参照)。帰国の目的は、グアテマラのテスルトゥラン地方で成果をあげた布教計画、つまり、ラス・カサスが久しく主張していた平和的改宗化計画(征服戦争、すなわち軍事力の行使をいっさい認めず、もっぱら聖職者の説教と模範的行為を通じて先住民の自発的な改宗を促す企て)をさらに拡大・推進するうえで必要な伝道師を募集し派遣することと、ラス・カサスがスペイン国王のインディアス領有を正当化する唯一の権原とみなした「布教活動」(魂の征服)を妨げる征服戦争やエンコミエンダ制の即時中止など、対インディアス政策の抜本的改革の必要性をカルロス一世に訴え、善処を求めることであった。このとき、ラス・カサスはまだ一介の修道士にすぎなかったので、宮廷での活動を円滑に進めるため、メキシコ司教スマラガをはじめ、聖俗を問わず、植民地当局の高位高官から紹介状や推薦状を入手していた。そうして準備万端を整えて帰国したラス・カサスであったが、国王カルロス一世がスペインを不在にしていたため、もっぱら宮廷を舞台に伝道師の募集・派遣とインディオ救済のための政治活動に挺身することになった。

グアテマラへの伝道師派遣の活動は順調に進捗したが、帰国のいまひとつのより重要な目的、すなわち、スペイン国王に征服戦争の禁止やエンコミエンダ制の撤廃など、従来の対インディアス政策の抜本的改革の必要性を直訴することに関しては、国王が不在のため、事態に大きな進展は見られなかった。一五四〇年一二月一五日、ラス・カサスはドイツに滞在していたカルロス一世に書簡を送り、拝謁してインディアスの実情を詳しく報告し、インディアスでのこれまでの出来事を書き記した「文書」を献上して、必要不可欠な改善策を上申したい旨を伝えた。その「文書」（現在は散佚）はラス・カサスがインディアス滞在中から書きつづってきたものであり、最終稿が完成するのはラス・カサスがカルロス一世との会談を期待してマドリードに滞在していたころのことである（一五四一年七月中旬～四二年一月）。二人の会見が実現したのは、国王が悲惨な結果に終わったアルジェ遠征からスペインへ戻り(一五四一年末)、カスティーリャの国会《コルテス》を主宰するためバリャドリードに滞在していたころであり(一五四二年四月中旬)、そのとき、ラス・カサスは先記の文書をカルロス一世に献上すると同時に、インディアスの実情を報告し、その抜本的な改善策を具申した。

ラス・カサスから報告を受けたカルロス一世は時を移さずインディアス問題を検討する特別審議会の開催を決定し、ラス・カサスに実情報告者として審議会に参加するよう求めた。そうして、インディアス問題を論じる特別審議会がバリャドリードで開催されることになり、カルロス一世がインディアス問題を審議する会議を初めて主宰することになった。それは対インディアス政策の再検討が緊急性を帯びていたことと同時に、ラス・カサスが宮廷においてインディアス事情に通じた重要な人物として発言力を強めていたことを示唆している。審議会において、ラス・カサスは国王が任命した一三名の貴顕を相手に征服戦争の実態を報告し、二〇項目にわたる改善策を提示した。その報告をもとに、ラス・カサスがその後宮廷の移動にともなって滞在したモンソン(アラゴン王国)で起筆し、ついでバルセロナ、そして最終的にバレンシアで擱筆したのが、約十年後にセビーリャで印刷されることになる『インディアスの破壊についての簡潔な報告』

の草稿である。

インディアス問題を取り上げた特別審議会は同年六月までバリャドリードで開催され、その後、場所をバルセロナへ移した。そして、同地で開かれた審議会で、激論の末、参加者の総意をもとに全文四〇カ条からなる、いわゆる「インディアス新法」(以下「新法」と略記)が制定された(一五四二年一一月二〇日、本文二二四頁)。「新法」はとりわけ被征服者(インディオ)の擁護を主眼として制定されたため、歴史上数ある植民法の中でも、キリスト教的人道主義精神に溢れた稀有《けう》な植民法典と評価され、「新法」とラス・カサスの関係に関しては、一七世紀に最初のラス・カサス伝をものしたアントニオ・デ・レメサル以来、肯定的な評価が下されてきた。当時の記録によれば、ラス・カサスが法の制定に大きな役割を果たしたのは確かだが、だからと言って、ラス・カサスが各条文の起草に関与したわけではない。ラス・カサスが改革の基本方針としてその実行を強く求めたエンコミエンダ制の即時撤廃や征服戦争の全面禁止はそれぞれ、段階的撤廃や降伏勧告状《レケリミエント》(本文六七頁)の無効化にすりかえられているのである。

ラス・カサスが「新法」の全条文に目を通したのは法の制定後であり、翌一五四三年二月、ラス・カサスは「新法」の瑕疵を指摘し、エンコミエンダ制の即時撤廃、征服戦争の全面禁止やインディオ奴隷の即時解放を求める覚書をインディアス枢機会議に提出した。その結果、同年七月、「新法」は六カ条が補足されて公布されたが、補足条項には、エンコミエンダ制の即時撤廃など、ラス・カサスの求めた改革案がすべて取り込まれたわけではなかった。とはいえ、「新法」が制定・公布されたことは少なくともラス・カサスの目指すインディアス改革への第一歩がようやく印されたことを意味し、その点では、ラス・カサスの期待に応えるものであったと言えよう。また、別の視点にたてば、「新法」は、カルロス一世の対ヨーロッパ政策の遂行に必要な財源としてその存在価値を高めつつあったインディアスに確固たる中央集権的かつ独占的支配体制を築かなければならない状況に直面した王室が、政治的かつ経済的な必要性に鑑みてラス・カサスの改革案を部分的に受け入れて編纂した植民法であるとも言える。

一方、たとえその主張が全面的に受け入れられなかったにせよ、ラス・カサスが、スペイン帰国後からバリャドリード特別審議会の開催を経て「新法」制定にいたるまで、宮廷においてインディオ擁護の運動を積極的に展開していたのは否定しがたい事実であり、インディアスで征服戦争やエンコミエンダ制を通じて蓄財に耽っていたスペイン人が宮廷に身を置いてインディアスから不正な利益を得ていた人たちからその事実を知らされ、挙措を失ったのは想像に難くない。したがって、「新法」実施の任務を負った役人の着任以前から、事前に法制定の動きを知らされたスペイン人植民者たちがインディアス各地で反対運動を繰り広げたのも当然の成り行きであった（本文二二五〜二二六頁）。そうして、ラス・カサスは「新法」制定の張本人としてインディアス在住のスペイン人から激しい敵意と憎悪を買うことになった。

ちょうどそのころ、すなわち、宮廷においてインディアス問題をめぐり白熱した議論が交わされていたとき、当代きってのアリストテレス学者フアン・ヒネース・デ・セプールベダが長年過ごしたイタリアを離れてスペインへ帰国し、皇太子フェリペの教育係として宮廷に伺候した（一五四二年半ば）。かつてローマ教皇庁に仕え、異教徒（オスマン帝国）との戦争を正当化する理論を唱えたセプールベダにとり、インディアスにおける征服戦争の正当性をめぐる論戦は看過できなかった。その結果、セプールベダは論戦に終止符を打とうと考え、ラテン語で『第二のデモクラテス。インディオに対する戦争の正当原因をめぐる対話』（以下『第二のデモクラテス』と略記）*Dialogus, qui inscribitur Democrates secundus de Iustis Belli Causis apud Indos* と題する対話体の作品を著した（一五四五年春に擱筆）。セプールベダがスペイン人によるインディアス征服を正当化するために挙げた理由は以下の四つである。(一)インディオはアリストテレスのいう「先天的奴隷」、つまり、生まれながらにして理性を欠き、愚鈍であるがゆえに、理性を具えた人(スペイン人)に従うべき「自然奴隷」である、(二)インディオは偶像崇拝や人身犠牲など、自然に反する罪を犯している、(三)圧政的支配(人身犠牲など)から弱者(供犠となる人びと)を救う、そして(四)インディオをキリスト教世界へ導きいれるのはスペイン国王がローマ教皇から授かった使命(義務)であり、その目的を達成するために軍事力を行使するのはやむを得ない。このように、セプールベダはインディオの文化的能力を全面的に否定し、独特なキリスト教的自然法理論にもとづいて、また、目的は手段を正当化するという立場から、征服戦争を聖戦とみなし、過去の、また、進行中の征服戦争を正当化した。そして、セプールベダは作品の印刷・出版を意図し、その許可をカスティーリャ枢機会議に申請した。

一方そのころ、インディアス各地のスペイン人社会は、「新法」の実施をめぐり不安と混乱の渦中にあり、メキシコ市のように、法の修正・撤回を求める運動を展開したところもあれば、ペルー副王領のように、征服者《コンキスタドール》同士の対立が国王権力に抗う謀反(「ペルー内乱」)へと発展していったところもあった。しかし、いずれの場合も、過去の征服戦争を断罪し、新しい軍事遠征の全面禁止とインディオ奴隷の解放、それに、エンコミエンダ制の撤廃を訴えるラス・カサスは「新法」制定の主謀者とみなされ、インディアスのスペイン人社会では、場所を問わず、また、身分・地位に関係なく、インディアスにおける彼らの存在価値を否定し、生活基盤を奪う許しがたい人物として激しい批判と攻撃の的になった。そのような逆境の中を、一五四四年七月、ラス・カサスは新設のチアパス司教区(現メキシコ南部とグアテマラの国境あたり)の最高責任者、つまり司教として赴任することになった。

ラス・カサスはそれ以前に(一五四二年一一月)広大かつ豊かなクスコ司教区を管轄する第二代司教(初代司教はフランシスコ・ピサロ麾下《きか》のスペイン軍に同行したドミニコ会士ビセンテ・バルベルデ)への就任を打診されたが、辞退していた。おそらくそれは、土地が豊饒で、大勢のスペイン人が居住するクスコ地方では、平和的改宗化計画の実行には大きな困難が伴うと判断した結果であり、ラス・カサスがクスコよりはるかに狭くて貧しいチアパスを管轄する司教への就任を受諾したのは、かつて平和的布教計画を実行して成果を見たテスルトゥラン地方やラカンドン地方がチアパス司教区に属していたからであると考えられる。ドミニコ会士トマス・デ・ラ・トッレはサラマンカからセビーリャ、エスパニョーラ島、ユカタン半島を経て最終目的地であるチアパスへ至るラス・カサスの羇旅《きりょ》に同行し、詳細な旅の記録を残しているが、それによれば、予測されたことではあったが、やはりスペインから司教区の中心地シウダー・レアル・デ・チアパスへの旅路はじつに難渋を極めた。ラス・カサス一行は行く先々でスペイン人から冷たい目で見られ、食糧確保がままならないこともしばしばであった。ラス・カサスが司教区の中心に辿り着いたのはスペインを離れて約八カ月後の一五四五年三月初旬のことである。

しかし、チアパス司教時代はじつに短く、ラス・カサスが司教区で過ごしたのはわずか一年ほどにすぎなかった(一五四六年三月まで)。着任当初から、ラス・カサスは信者であるスペイン人植民者から「新法」制定の張本人、「不穏な修道士」とみなされ、苦境に立たされたが、インディオ奴隷を所有するスペイン人の告白聴聞を司祭に禁じたり、「新法」の完全な遵守を求めたりしたため、両者の対立は、ラス・カサスが事態の収拾をグラシアス・ア・ディオス(ホンジュラス)に新設されたアウディエンシア・デ・ロス・コンフィネスへ訴えなければならないほど、激しさを増した(一五四五年七月〜一一月)。しかし、アウディエンシアとの交渉も決裂し、事態は収まるどころか、ますます混迷の度を深め、ラス・カサスは植民者のみならず、聖俗を問わず、植民地当局までも敵に回すことになり、シウダー・レアルへ戻った（一五四五年一二月）。しかし、そこでも、ラス・カサスは生命《いのち》に危険が及ぶほどの緊迫した状況に直面し、もはや打つ手がないのを悟った。

因みに、「新法」の制定・公布を契機に勃発したチアパス司教区の危機的な状況に身を置きながら、植民地当局や植民者を相手に虐げられた先住民の生命《いのち》と自由を擁護するために戦ったラス・カサスを「正真正銘のキホーテ」とみなし、戯曲『アウディエンシア・デ・ロス・コンフィネス』*Audiencia de los Confines* を著したのが「キホーテのごとき人間」を自称したグアテマラのノーベル賞作家ミゲル・アンヘル・アストゥリアスである（一九五七年、亡命先のブエノス・アイレスで完成。その後一九七一年、作品は著者自身によって『ラス・カサス――神に仕える司教』*Las Casas: El Obispo de Dios* と改題）。

ちょうどそのころ、ラス・カサスは、カルロス一世がインディアス各地から派遣された植民者の代表から執拗な請願を受けて、また、「インカの反乱」（訳注29参照）に加えて、「新法」に不満を抱く植民者たちの武装蜂起で激しく揺れ動くペルー副王領の情勢を考慮して、一五四五年一〇月、ドイツのメヘレンで、「新法」の核ともいうべきエンコミエンダ制の段階的撤廃条項（第三〇条）などを撤回したことを知り、大きな挫折感を味わった。その後、ラス・カサスはメキシコ市で開催予定の司教会議に出席するため、シウダー・レアルを後にした(一五四六年三月)。不穏な空気の漲《みなぎ》る中、メキシコ市に到着したラス・カサスは司教会議とは別に、初代副王アントニオ・デ・メンドーサの許可を得て、インディオ奴隷の解放とインディオに対する私的夫役の禁止を議題とする聖職者会議を主宰し、聴罪司祭向けに、征服者《コンキスタドール》やエンコメンデロ、それにインディオ奴隷の所有者など、インディオに対し加害責任を負うべきスペイン人が賠償義務を履行しないかぎり、彼らの告解を受け付けてはならないこと(聴罪拒否)を一二項目の規則にまとめた手引き書『聴罪規範』(略して *Confesionario*。その後、補足されて一五五二年にセビーリャで印刷される)を著し、司祭たちにその実践を託した。それは、「新法」が換骨奪胎されたことに失望を感じながらも、ラス・カサスが霊的手段や破門を通じて「新法」のインディオ保護条項——「新法」は全文が撤回されたわけではなく、インディオの奴隷化を全面的に禁止した条項(第二一条)など、数多くの条項は失効していなかった——の完全な実施を求めていたこと、換言すれば、「新法」を貫くキリスト教的人道主義精神の風化を阻止しようとしていたことを意味している。

一五四六年一一月、ラス・カサスは司教会議を終えてオアハカへ向かったが、すでに

「新法」の撤回・修正を知らされていたため、司教区へ戻らず、自らの役割は宮廷でインディアス改革を目指す活動をつづけることだと考え、ベラクルス経由でスペインへ向けて出発した(一五四七年三月)。これがラス・カサスのインディアスからスペインへ向けての六度目、すなわち、最後の航海となる。なお、このメキシコ滞在中に、ラス・カサスはかつてバレンシアで擱筆した『インディアスの破壊についての簡潔な報告』の草稿に、ラ・プラタ地方、フロリダ地方(エルナンド・デ・ソトの遠征の顚末)およびペルー副王領におけるゴンサロ・ピサロの反乱などに関する情報を追記した。とりわけ、ペルー副王領で「新法」公布を契機に勃発したゴンサロ・ピサロの反乱が植民者との妥協を拒絶して「新法」の完全実施を強行する初代ペルー副王《ビレイ》ブラスコ・ヌニェス・ベラを殺害するという事態、すなわちスペイン国王に対する謀反《むほん》へと発展した状況を知ったラス・カサスは人定法に基づく正義の実現に懐疑的になった。

一五四七年三月、ラス・カサスはメキシコ湾岸のベラクルスで乗船し、キューバ島からテルセイラ島を経由してポルトガルのリスボンに到着し、同地のドミニコ会修道院に逗留した。そのとき、ラス・カサスは、ポルトガル人がアフリカにおいて黒人奴隷を獲得するために行なっていた不正かつ非道な所業の実態を知り、自らが過去三〇年近くにわたり大きな過ち(インディアスへ黒人奴隷の導入を献策したこと)を犯してきたことに気付いた。それはいわばラス・カサスの「第三回目の回心」とも言えるほど重要な意味をもつ出来事であった。つまり、このとき初めてラス・カサスはインディアス史とアフリカ史に通底するヨーロッパ中心主義的イデオロギーの独善性を認識したのである。そして、その認識はラス・カサスの同時代史への眼差しに決定的な影響を及ぼすことになる。すなわち、ラス・カサスは一五五〇年代後半に心血を注いで完成する浩瀚《こうかん》な記録文書《クロニカ》『インディアス史』*Historia de las Indias* の第一巻に「アフリカの破壊についての簡潔な報告」とも称されるほど詳細なアフリカの歴史を二一章にわたって挿入し、自己の過ちを厳しく断罪することになるのである。

ラス・カサスがリスボンからサラマンカを経てバリャドリードへ到着したころ(一五四七年六月)、宮廷では、インディアスにおける征服戦争を聖戦とみなして正当化した先記のセプールベダが自著『第二のデモクラテス』の印刷・刊行を目指して執拗な活動を展開していた。それは、平和的改宗化計画のさらなる発展を目指して伝道師の募集と派遣に携わることや、インディアスではいわばただの紙切れ同然となった「新法」をインディアス改革の第一歩と捉え、インディオ保護を規定した条項の完全実施に向けて宮廷で運動をつづけることを目的に帰国したラス・カサスにとり容認しがたいことであった。したがって、ラス・カサスがことの重大さを認識し、ただちに『第二のデモクラテス』の印刷出版を阻止する運動に乗り出し、インディアス枢機会議をはじめ関係当局に出版の不認可を働きかけたのは当然のことであった。そうして、二人はそれぞれ、当時の著名な神学者や法学者を取り込みながら、征服戦争の正当性をめぐって激しい論戦を繰り広げることになった。そのころ、ラス・カサスはビトリア理論を継承したドミンゴ・デ・ソトをはじめサラマンカ学派の神学者たち(ドミニコ会士)との接触を深めるとともに、宮廷では、伝道師の募集・派遣、チアパス司教区への支援策の取り付けや新しい征服遠征の阻止など、インディアス改革に向けて積極的な運動をつづけ、着実に成果を上げていた。

一方、セプールベダから出された『第二のデモクラテス』の印刷・出版の許可申請は一五四八年七月中旬、審査を担当したアルカラー大学(現国立マドリード・コンプルテンセ大学)とサラマンカ大学から「却下」の決定が下され、二人の対立も決着したかに見えた。しかし、それは束の間のことで、同年一〇月、セプールベダはラス・カサスの論策『聴罪規範』をインディアスに対するスペイン国王の権利を否定する「悪魔の書」であると告発し、両者の対立は解消どころか、ますます激しさを増した。先記のとおり、『聴罪規範』は、ラス・カサスがメキシコ滞在中に聴罪司祭向けに著したいわば告解聴聞の手引書であり、じつは執筆当時から、植民者から激しい非難を浴びていた。というのも、ラス・カサスは、征服戦争とエンコミエンダ制はことごとく不正であるという持論にもとづいて、スペイン人植民者は例外なく告解を行なう前に必ずインディオに対し賠償義務を履行しなければならないと訴えていたからである。したがって、ラス・カサスはインディアス枢機会議からも厳しい批判を受けたことを契機に、『三〇の法的命題集』*Treinta proposiciones muy jurídicas* … と題する論策を著し、弁明に努めたが(一五四八年秋)、インディアス枢機会議は同年一一月末に作品の撤収をヌエバ・エスパーニャ副王領の各アウディエンシアに命じた。さらに、セプールベダは『第二のデモクラテス』の印刷禁止の決定に承服せず、自説を弁じる論策『弁明論』*Apologia*(ラテン語)の執筆を開始し、一五五〇年五月、同文書をローマで出版した。ラス・カサスはそれに対抗して、ただちに論策『インディオの敵を論駁す』*Apología contra los adversarios de los indios* を書き上げ、そうして二人の対立は宮廷を巻き込んで、政局を左右するほど重大な問題になっていった。

一方、インディアスでは、疫病の流行や反乱などによって先住民の人口減少（労働力不足）に直面した植民者たちが「新法」に不満を募らせ、ラス・カサスをはげしく告発・糾弾する書簡を次々と書き送り、宮廷における反ラス・カサス派の活動を支援した。そのような状況下、「新法」の実施に異を唱えたゴンサロ・ピサロの反乱が初代ペルー副王《ビレイ》を殺害するに及び（一五四六年一月）、その鎮圧（一五四八年四月）に難渋を極めたインディアス枢機会議は、大海のはるか彼方に位置するインディアスで征服者《コンキスタドール》や植民者が一丸となって国王権力に抗う姿勢を鮮明にしたことに危機感を募らせていた。したがって、同枢機会議が新しい征服遠征の禁止、エンコミエンダ制の廃止や平和的改宗化計画の拡大・推進を訴えつづけるラス・カサスの要望に応えて、国王カルロス一世に征服遠征を中断し、しかるべき征服のあり方と改宗化方法を審議する会議の開催を進言したのは自然な成り行きであった。その結果、一五五〇年四月、カルロス一世は正当な征服戦争のあり方と先住民をキリスト教に改宗させる方法を検討するために征服遠征事業を一時中断し、会議を開催するよう命じることになった。会議は同年八月、バリャドリードで開催され、会議にはインディアス枢機会議、カスティーリャ枢機会議、宗教騎士団枢機会議などから神学や法学に通じた総計一五名の有識者が召集され、ドミニコ会士ドミンゴ・デ・ソトが議長として会議を主宰した。そして、「一四人会議」(一名が病欠したため)とも言われるこのバリャドリード会議には、数年来征服戦争の正当性をめぐって激しい対立を繰り返したラス・カサスとセプールベダが呼ばれ、二人は互いに顔を合わせることはなかったが、会議員を前にそれぞれ自説を弁じ、激しい論戦を展開した(いわゆる「バリャドリード論戦」)。

八月に開会したバリャドリード会議では、二人が征服戦争に関する持論を開陳したが、九月中旬に会議はいったん休会し、翌一五五一年四月まで再開されなかった。休会中、ラス・カサスはセプールベダの主張を論駁する文書を数篇執筆するかたわら、同じくバリャドリードで開催されたエンコミエンダ制の恒久化をめぐる会議に参加して反対意見を陳述したり、平和的改宗化計画に参加する伝道師の募集と派遣に携わったりしてインディアス改革のために活動をつづけた。一方、バリャドリード会議は再開されたものの、一カ月も経たない五月初旬に閉じられ、会議員たちは統一見解を示さないまま散会した。それは、会議が開催目的から逸脱し、ラス・カサスとセプールベダの理論闘争の場と化したことに起因すると考えられる。ラス・カサスもセプールベダもともに、自説が支持されたと書き残しているが、第一回目の会議での審議内容を要約したドミンゴ・デ・ソトの『論戦概要』*Aquí se contiene una disputa o controversia* によれば、ラス・カサスの主張の方が説得力はあったらしい。

セプールベダとの論戦を終えたラス・カサスにとり、最大の関心事はインディアス改革を一歩でも進めることであり、そのためには、テスルトゥラン地方での経験にもとづいてその実現可能性を確信した平和的改宗化計画を拡大・推進することが不可欠であった。したがって、ラス・カサスが宮廷で新しい管区の設定や伝道師の募集と人選、それに伝道師の派遣に必要な費用の調達などに力を注いだのは当然のことであった。そのころ、ラス・カサスがもっとも危惧したのは、スペインにおいてもインディアスにおいても、世俗はおろか、聖職者たちまでが平和的改宗化計画を絵空事とみなし、その実現可能性を否定したり、あからさまに役人や植民者に迎合して実行を阻止したりして、神意（インディアスに真のキリスト教国を建設すること）の実現を蔑ろにしていることであった。したがって、ラス・カサスは伝道師の人選に細心の注意を払うと同時に、彼らを権力の中枢から遠ざけることに心を砕いた。そうして、ラス・カサスは自ら伝道師たちにこと細かな指示を与えるため、大西洋航路の唯一の公認港が位置するセビーリャへ向かった（一五五一年一二月）。それはラス・カサスにとり、故郷への最後の羇旅《きりょ》となった。

一五五二年一月、セビーリャに到着したラス・カサスはドミニコ会のサン・パブロ修道院に逗留し、およそ一年間、伝道団(ドミニコ会士)の派遣業務に従事したが、当初三二名いたドミニコ会士は次第に伝道団から離反し、同年一〇月にはその数も半分以下にまで減少した。その一因は、フロリダで平和的改宗化計画の実行を目指したドミニコ会士ルイス・カンセル(ラス・カサスの盟友)が現地で先住民の襲撃を受けて殉教したという知らせが届いたことにあり、伝道師たちは計画の実行に大きな懸念と疑問を抱いたのである。結局、一五五二年一一月末にドミニコ会伝道団はセビーリャを出港したが、そのとき新設のサン・ビセンテ・デ・チアパス司教区へ向かった伝道師はわずか六名にすぎなかった。

そのように伝道師が離反していく中、ラス・カサスは大きな失望感を味わいながらも、インディアス改革の前進を目指して大胆な行動に出た。すなわち、ラス・カサスはそれまでに著した八篇の論策を当局の許可を得ずに印刷に付すことにしたのである。まず、ラス・カサスはセビーリャで出港を待つドミニコ会伝道師に携帯させるために、実務的な内容の『聴罪規範』など四篇の論策を印刷に付した(一五五二年八月〜九月)。引きつづき、翌年一月にかけて、残り四篇の論策を印刷・刊行し、そのうち三番目に印刷されたのが『インディアスの破壊についての簡潔な報告』である（一五五二年一一月末ころ）。『報告』は他の三篇、すなわちスペイン国王のインディアス支配権や国王と臣下の関係などを取り上げた理論的な論策とは内容を異にするが、その執筆目的が征服遠征を全面的に禁止する法律の制定にあったことを考慮すれば、それら四篇はいずれも、伝道師ではなく、主として対インディアス政策の立案と実行に責任を負う国王やインディアス枢機会議など、立法機関の官僚を対象に印刷に付されたと言えるだろう。ラス・カサスは『報告』を印刷に付すにあたり、草稿に皇太子フェリペへの序詞を追記したが、それは、国王カルロス一世が対ヨーロッパ政策の遂行に忙殺され、スペインを不在にすることが多く、フェリペが摂政として対インディアス政策の責任を担っていたからである。

ラス・カサスが八篇の論策を無許可で印刷に付した件に関しては、印刷・刊行の目的が一般の人びとを読者想定したものでなく、伝道師やインディアス関係の業務に従事する特定の人びとを対象としたものであることを理由に、許可を得る必要はなかったとする主張や、伝道師の出港に間に合わせるのに許可を申請する時間的余裕がなかったからだという見解も示されているが、印刷された論策の中に、王室がかつて撤収を命じた『聴罪規範』が含まれていることや、『報告』を含む立法当局者向けの論策の中に、伝道団の出港後に印刷された作品があることなどを考慮すれば、論策の印刷・刊行は、インディアス改革を目指すラス・カサスが行なった政治的な賭けであると言えよう。この点で注目したいのは、セビーリャ版(以下S版と略記)の表紙に印刷されている「司教ドミニコ会士ドン・バルトロメー・デ・ラス・カサスもしくはカサウス……」por el Obispo dõ fray Bartolome de las Casas /o Casaus de la orden de Sãcto Domingo という語句である。すでに一五五〇年にチアパス司教を辞する決意を国王カルロス一世に伝え、承認を得ていたにもかかわらず、ラス・カサスが司教の肩書を使用したことや、「カサウス」(レコンキスタに参戦したフランス人家系の姓。セビーリャでは名家として知られていたと言われる)という、いわば高貴な出自であることをほのめかす姓を初めて名乗っていること、つまり、そうして自らを権威づけた背景には、宮廷における自己の威信を頼りに、印刷許可を申請することで生じる混乱を避け、作品の信憑性を裏付けるという狙いがあったと考えられるのである。

二　『報告』の文献学的考察

『報告』は一五四二年（バレンシア）、一五四六年（メキシコ市）、そして一五五二年（セビーリャ）の三段階を経て完成された論策であり、一五五二年におそらくラス・カサス自身の監督下でセビーリャの書肆で印刷された初版本つまり、S版（八折版にゴチック体で印刷）がもっとも重要な版である。初版印刷後に出版された翻訳版、復刻版、転写版、校訂版などはすべて、S版に拠っており、本訳書もその例外ではない。なお、この初版の正確な印刷部数については不明であるが、現在、世界中で六〇カ所を超える古文書館や図書館などに初版本が所蔵されているのが確認されているので、ラス・カサスが特定の限られた読者のみを想定して印刷に付したという説は説得力を欠いている。

ラス・カサスがバレンシアで擱筆した自筆の手稿、つまり『報告』の草稿（以下Ms.1、現在散佚）には、写本（C）が二篇あり、ひとつ（C1）は現在同地のドミニコ会修道院付属歴史資料館に保管されている。このバレンシア版写本はおそらく同修道院所属の二人のドミニコ会士が写字生として作成したものと考えられ、カタルニア語の表記も含め、すくなからず誤写が認められる。いまひとつの写本（C2）はマルティネス・シリセオを通じて皇太子フェリペに献上された（本文二三頁）と考えられ、現在は散佚して所在不明である。ラス・カサスはその後Ms.1を携えてインディアスへ渡り、一五四六年のメキシコ滞在中に

Ms.1に大幅な修正・加筆を施した（Ms.2）。その手稿の写本（C3、一五四七年に作成）も現在散佚して所在が分からない。なお、C3をもとに一五四八年から一五五〇年一一月にかけて、『ドミニコ会士バルトロメー・デ・ラ・ペニャ師が北の海に位置するインディアス、島々や陸地の見るも哀れな惨たらしい破壊の様子について自ら目撃したことを記した簡略なる歴史、簡潔かつ真実の報告』*Historia sumaria y relación brevísima y verdadera de lo que vio y escribió el reverendo padre fray Bartolomé de la Peña, de la Orden de los Predicadores, de la lamentable y lastimosa destruición de las Indias, islas y tierra firme del mar del Norte, año de 1548*（以下BPと略記）といういじつに長々しい題名のテキストが編纂されたことが確認されている。

ただし、このBPに関しては、原本はおろか、関連する一次史料も未発見であり、一九世紀に作成された写本が三部、現存するのみである。一九世紀末に初めてラス・カサスの生涯と作品を詳細に明らかにし、数々の著作を公刊したマリア・ファビエーがBPを初めて紹介したが、作品がラス・カサスの手になるものかどうかは甚だ疑わしい。研究者の中には、著者をラス・カサスの思想に共鳴し、ラス・カサスの最後の二回にわたる大西洋横断航海に同行したイタリア人修道士ジョルダーノ・デ・ピアモンテだと主張する人もいれば、ＢＰは「新法」をめぐって不穏な状況にあったメキシコ市で、ラス・カサスがなんらかの目的があってMs.2をもとに作成したものであり、ラス・カサスは起こりかねない騒擾《そうじょう》を危惧して偽名で印刷しようとしたが、結局はその意図は見果てぬ夢に終わったと考える人や、ペニャを騙る姓名不詳の伝道師がMs.2を剽窃して著したものだと推察する者もいる。いずれにしても、ＢＰは『報告』の内容を言い換えただけの作品であるため、両者の関係は一概に否定できないが、文体や表現形式を研究した専門家によれば、作品にはラス・カサス以外の人物の手がかなり入っており、しかも、一六世紀の原本が散佚していることを考慮すれば、現段階ではＢＰをラス・カサスの作品とみなすことはできない。

Ｓ版は一五五二年にラス・カサスがMs.2にかなり修正を加え、欄外にいくつかの加筆や注記を施し、さらに序詞などを追記して完成させた手稿（Ms.3、現在散佚）をもとに印刷された。

なお、カルロス一世の召集したバリャドリードの特別審議会（一五四二年）でラス・カサスが読み上げたテキストをそのおよそ六カ月後にバレンシアで完成させたMs.1の草稿と同定する際に最大の障害となってきたのが、当時の王室付き年代記編者アロンソ・デ・

サンタ・クルスが書き残した特別審議会の記録の要約である。その要約には、ラス・カサスがペドラリアス・ダビラ、エルナン・コルテス、ペドロ・デ・アルバラードなど、征服者《コンキスタドール》の実名を挙げて征服戦争の実態を五日間にわたって報告したという記述があり、その記録に依拠して、スペインのラモン・メネンデス・ピダルは読み上げられたテキスト、すなわち、『報告』の最初の草稿には征服者《コンキスタドール》の実名が明記されていたと主張した。しかし、それは事実とは異なる。というのも、一五四二年に作成されたバレンシア版写本C_1が二〇〇〇年にイサシオ・ペレスの手で初めて公刊され、S版同様、C_1にも征服者《コンキスタドール》の実名が記されていないことが明らかになったからである。サンタ・クルスが先記の情報を自著の『皇帝カール五世年代記』*Crónica del Emperador Carlos V* の中に書き綴ったのが一五五〇年代初頭のころであり、しかも、その『年代記』にはS版の文章が複数、そっくりそのまま引用されていることを考慮すれば、サンタ・クルスは当時インディアス枢機会議で知らない人がいないほどその名を馳せた征服者《コンキスタドール》の名前をいわば思い出して列挙したにすぎないと考えるのが妥当であろう。

それ以上に興味深いのは、C_1に記された「キリスト教徒」という用語がS版ではかなりの割合で「スペイン人」に置き換えられていることである。具体的に言えば、C_1に

「キリスト教徒」という表記が現れるのは一四〇回で、「スペイン人」が一九回であるが、それに対して、S版では「キリスト教徒」が四九回、「スペイン人」が一〇八回となって、状況は完全に逆転しているのである。このような表記の置換に、一五四二年から五二年にかけてのラス・カサスの思想の変化を読み取るのはさして難しいことではない。すなわち、ラス・カサスが『報告』の草稿段階で「キリスト教徒」という名称を頻繁に用いたのは、いわばキリスト教徒であるスペイン人を理想化し、インディアス改革にかなり大きな希望や期待を寄せていたことを示し、それを「スペイン人」と書き換えたのは、その十年間、波乱に富んだ時期を過ごしたラス・カサスがインディアス改革の実現に不安を抱き、スペイン人を「自称キリスト教徒」と同定し、征服《コンキスタ》は「あるべき」キリスト教徒ではなく、「あるまじき」キリスト教徒、すなわち、「キリスト教徒を名乗るスペイン人」が行なっている集団的行為であるという認識に達したことを示している。それは、ラス・カサスの告発の対象がスペイン人全員、つまり、「キリスト教徒にあるまじき人びと」に向けられていることを意味している。言うまでもなく、「キリスト教徒にあるまじき人びと」には、インディオを犠牲にして蓄財に走る征服者《コンキスタドール》、植民者、役人は言うまでもなく、宗主国にあってインディアス関係の業務に携わる人びとや、インディアスの実情に無知蒙昧なスペイン人も含まれるのである。

三 『報告』が辿った歴史
――「黒い伝説」との関係を中心に――

現在判明しているところでは、『報告』の印刷・刊行に対し公に不満が示されたのはスペインではなく、インディアスのヌエバ・エスパーニャ副王領においてであった。すなわち、一五六一年、メキシコ市参事会《カビルド》が当時スペインの宮廷に伺候していたマルティン・コルテス(父は征服者《コンキスタドール》エルナン・コルテス、母はスペインの名門貴族出身のファナ・デ・スニガ。メキシコのクエルナバカで生まれたクリオーリョ、すなわち、新大陸生まれのスペイン人。第二代オアハカ盆地侯)に訓令を送り、インディアス枢機会議に対し、「これまで同様現在も、メキシコ市を治める行政官や司法官、それにその住民《ベシーノ》(スペイン人植民者)たちに害や損失を与えるばかりか、彼らを誹謗するような醜悪かつ途方もない事柄を記した小冊子、正確にいえば、中傷文書《リベロ》を禁止するよう」働きかけるのを要請した。さらに、市参事会は、「司教(ラス・カサス)はいつもながら、大胆不敵にも権威を笠に着てその小冊子を印刷に付し、インディアスの当地へ送付した。その結果、誰もかれもがおおむね収拾がつかないほど大混乱に陥った」と伝えている。残念ながら、印刷された『報告』がメキシコ市へ届いた時期を同定できる史料が現存しないので、ことの真偽は確かめようがないが、少なくともメキシコ市参事会のその要請は、スペイン王室が『報告』の印刷・刊行になんら対策を講じなかったことに対するクリオーリョ社会からの不満・反発を示すものであると言えよう。研究者の中には、その事実は、インディアスに絶対的かつ独占的な支配体制の確立を目指して、征服者《コンキスタドール》や植民者の子孫（クリオーリョ）から特権を剝奪し、彼らを半島生まれのスペイン人（ペニンスラール）と区別して社会的差別を行なうスペイン王室の対インディアス政策に対して、クリオーリョたちが不満を募らせ、いわば反スペイン感情を創出する手段として『報告』を利用しはじめたことを示唆していると主張する歴史家もいる。

一方、ヌエバ・エスパーニャ副王領と異なり、ペルー副王領では、『報告』よりもむしろ、ラス・カサスがセビーリャで印刷・刊行した『聴罪規範』やその後に開陳した主張（とりわけ、ビルカバンバに籠もってスペイン支配に抵抗するインカ王ティトゥ・クシ・ユパンキに支配権を返還すべきとする主張）に対し激しい反発が起きたが、副王領が「インカの反乱」や「ペルー内乱」(訳注33参照)に激しく揺れ動いたため、『報告』に対してあからさまに敵意が示されたのは一五七〇年代、第五代副王《ビレイ》フランシスコ・デ・トレドの統治期のことである。すなわち、トレドのいとこでドミニコ会士のガルシア・デ・トレドの手になるものと考えられている『ユカイ文書』*Parecer de Yucay*(一五七一年執筆)には、ラス・カサスを厳しく批判・糾弾する言葉が書き綴られ、『報告』に関しては、「この作品により、教会に敵対するすべての国がスペイン人は残忍かつ略奪をこととする暴虐的な国民であると納得させられた」と記されている。これはスペインのいわゆる「黒い伝説」に言及した主張であるが、事実とやや異なる。と言うのも、後述するように、『報告』(S版)の最初の外国語版が公刊されたのは一五七八年のことだからである。ここで重要なのは、一五七〇年代、すでに諸外国に〈スペイン人＝残忍な国民〉というイメージが広まっていたことと、副王《ビレイ》トレドが国王フェリペ二世の承認を得て『報告』を含むラス・カサスの著作をインディアスから撤収するよう命じるほど(一五七一年一二月)、ラス・カサスの思想がアンデス世界に浸透していたことだろう。なお、この撤収令がどれほどの効果を上げたかは不明だが、現存する初版本の数からすると、実効性は乏しかったと言える。

一方、ラス・カサスを途轍もない嘘つき、スペイン人を誹謗する輩と詰《なじ》り、真正面から『報告』に激越な批判を浴びせたのがカリブ海マルガリータ島の総督バルガス・マチューカである。セプールベダの正当戦争論に与《くみ》するマチューカは一六一二年に擱筆した『ラス・カサス司教を駁し征服戦争を擁護する』*Apología y discursos de las conquistas Occidentales ...* で『報告』を章ごとに取り上げ、ラス・カサスの記述の虚偽性やインディオの生来の悪辣さを書きつらね、自説を論じたが、この作品は一九世紀末まで日の目を見なかった。おそらく、それは、当時、王室がラス・カサスの作品を論駁するより沈黙を守る方が得策だと考えた結果だろう。すでに見たように、フェリペ二世は一五七一年にペルー副王《ビレイ》トレドの要請にもとづいてラス・カサスの作品の撤収を命じたが、同年、手稿(『インディアス史』を含む)や印刷・刊行された論策をはじめ、ラス・カサスの手になるすべての文書をエル・エスコリアル修道院へ移し、年代記編纂官の利用に資するよう指示し、さらに一五七九年には勅令を発布し、年代記編纂官フアン・ロペス・デ・ベラスコに「司教の作品を密かに保管し、特別な許可なく、誰にも見せてはならない」と命じたのである。したがって、『報告』がS版刊行後およそ一世紀もの間一度もスペインで刊行されなかったのも当然のことであった。

スペインで『報告』の第二版が公刊されたのは一六四六年、カスティーリャからの離反を求める運動がたけなわのカタルーニャ地方の中心都市バルセロナにおいてである。このとき、一五五二〜五三年にセビーリャで印刷されたラス・カサスの八篇の論策のうち、『聴罪規範』を除く七篇が出版された。S版をもとに出版された『報告』のバルセロナ版はじつに興味深く、編集者アントニオ・ラカヴァリェリアは、ラス・カサスが印刷・刊行にあたり付け加えた序詞などに記された「スペイン人」españolesという表現を「カスティーリャ人」castellanosと書き換えたのである。そのように、『報告』はスペインにおいて政治目的に利用され、バルセロナ版を読んだイエズス会士フランシスコ・ミンギホン（サラゴサの異端審問官）は内容のあまりの恐ろしさに吃驚し、たとえ事実が記されていても、作品は出版すべきでないと判断した。結局、一六六〇年、アラゴンの異端審問所は初めて『報告』を禁書扱いにすることを決定し、同異端審問所の決定を追認した。つまり、「国の威信を傷つける有害な書物」とみなし、中央政府も『報告』を『報告』はスペインでは所蔵することも読むこともならない危険な作品とみなされ、その結果、みたびスペインで日の目を見るまで、それから二〇〇年以上もの歳月を待たなければならなかった（一八七九年）。

それとは対照的に、『報告』は、インディアスの莫大な貴金属を独占し、カトリックの牙城として君臨するハプスブルク朝スペインと政治的あるいは宗教的に対立するヨーロッパ諸国において、一六世紀後半から数多くの外国語訳が相次いで出版された（表1参照）。そのため、『報告』は、一六世紀後半からヨーロッパ諸国を席巻した「スペイン人は世界でもっとも残虐かつ非寛容な国民である」という反スペイン運動を惹起した文書として、とくに一九世紀末以来スペイン人から激しい非難を浴びることになった。もっともその反スペイン運動では、スペイン人の残虐性と狂信主義を示す証拠として異端審問とインディアス征服が取り上げられたが、ここでは、征服《コンキスタ》の実態を書き綴った『報告』と反スペイン運動、つまりのちに「黒い伝説」と名付けられる運動の関係について触れておきたい。

「黒い伝説」Leyenda Negraとは、ヨーロッパにおける覇権を喪失して久しいスペインにおいて、一九世紀後半から二〇世紀初頭にかけて、国内の政治的混乱や、かつて宗主国として支配したインディアス全域の独立を契機に、当時の知識人の間に「太陽の没することなき帝国」といわれた一六世紀〜一七世紀の「栄光あるスペイン帝国」の復活を目指す思潮が台頭し、ブラスコ・イバニェスら、文学者たちがスペインの歴史的復権を

における出版状況(16-18 世紀)

著者／作品名／原著出版年 ( )は出版地	外国語版出版年
フランシスコ・ロペス・デ・ゴマラ／『インディアス発見・征服史』*Hispania victrix*／1552-53: (アントワープ*) 1554; 1554; 1554(サラゴサ); 1555; 1749	㋑1556(ローマ): 1556(ヴェネチア); 1557; 1560; 1564; 1576: 1599 ㋫1569; 1577; 1578; 1580; 1584; 1587; 1605; 1606 ㊮1578; 1596 Ⓣ1730
ペドロ・デ・シエサ・デ・レオン／『ペルー誌第一部』*Primera parte de la Crónica del Perú*／1553; 1554; 1554; 1554(アントワープ*)	㋑1555; 1560; 1576: 1556; 1557; 1560 ㋫1564 ㊮1709: 1710: 1711
アグスティン・デ・サラテ／『ペルー発見・征服史』*Historia del descubrimiento y conquista del Perú*／1555(アントワープ*); 1578; 1749	㋔1563; 1596; 1598 ㋑1563 ㊮1581 ㋫1700; 1706; 1716; 1716; 1717; 1719; 1742; 1774
ジロラモ・ベンツォーニ／『新世界史』*Historia de Mondo Novo*／(原著はイタリア語)1565; 1572(ミラノ)	㋶1578; 1581; 1600: 1586; 1594: 1595: 1617: 1612: 1644 Ⓓ1579: 1582-83: 1594: 1595; 1597; 1618: 1613 ㋫1579: 1600 ㊮1625 ㋔1610: 1663: 1704: 1707; 1727

凡例) * 原語はスペイン語でありながら，出版地がスペイン以外.
㋑＝イタリア語訳，㋫＝フランス語訳，㊮＝英語訳，Ⓓ＝ドイツ語訳，㋶＝ラテン語訳，㋔＝オランダ語訳，Ⓣ＝トルコ語訳.
コロンは重版，セミコロンは異なる版の出版年.
(関雄二・染田秀藤編『他者の帝国──インカはいかにして「帝国」となったか』世界思想社，2008 より一部修正・加筆して転載)

表1　主要な記録文書《クロニカ》のヨーロッパ

著者／作品名／原著出版年（　）は出版地	外国語版出版年
バルトロメー・デ・ラス・カサス／『インディアスの破壊についての簡潔な報告』／1552（セビーリャ）; 1646（バルセロナ）	㋔1578: 1596; 1607: 1609: 1610; 1611; 1612: 1612; 1620: 1620: 1620; 1620; 1621: 1621; 1623: 1623; 1627; 1634; 1638: 1638; 1640; 1655; 1663: 1670; 1670; 1706 ㋫1579; 1582; 1582; 1604: 1620; 1623; 1630; 1642; 1692; 1697; 1698; 1701; 1701; 1701; 1701 (英)1583: 1625; 1656: 1689: 1699: 1745; 1745 (ド)1597; 1599: 1599; 1613: 1665: 1790 ㋑1598; 1614: 1626; 1630; 1643; 1730 ㋶1598: 1614: 1664
ペドロ・マルティル・デ・アングレリーア／『新世界十巻の書』*De Orbe Novo Decadas*／（原著はラテン語）1516: 1521: 1524: 1532; 1536: 1533; 1574: 1530; 1587	(ド)1550: 1582 ㋫1532 ㋑1534 (英)1555; 1577: 1577: 1612: 1625: 1628
ゴンサロ・フェルナンデス・デ・オビエド／『インディアス博物誌要略』*Sumario de la Natural Historia de las Indias*／1526: 1749	㋑1534 (ド)1730
ゴンサロ・フェルナンデス・デ・オビエド／『インディアスの博物誌ならびに征服史』*Historia natural y general de las Indias*／1535; 1547	㋫1555; 1556 (英)1577
フランシスコ・ロペス・デ・ヘレス／『ペルー征服正史』*Historia verdadera de la Conquista del Perú*／1534; 1547; 1749	㋑1535

出典）Delgado-Gómez, Ángel, *Spanish Historical Writing about the New World. 1493-1700*. Providence, Rhode Island. 1992. León Pinelo, Antonio de, *Epítome de la Biblioteca Oriental i Occidental, Nautica y Geográfica*. Madrid. 1629. Steele, Colin, *English Interpreters of the Iberian World from Purchas to Stevens (1603-1726). A Bibliographical Study*. The Dolphin Book, Oxford. 1975.

めざして用いた造語である。そして、国務省の役人で歴史家・社会学者でもあったフリアン・フデリーアス(一八七七〜一九一八年)が一九一四年に『黒い伝説と歴史的真実——ヨーロッパにおけるスペイン』*La leyenda negra y la verdad histórica. España en Europa* を発表し、この用語は広く流布することになった。この用語の背景には、スペインが「世界史」で果たした歴史的役割を強調し、栄光あるスペインを甦らせる意図があった。すなわち、フデリーアスによれば、スペインはインディアスを征服・支配することによって、かつて偶像を崇拝し、人肉を食した粗野なインディオをキリスト教へ導き、彼らに文字を教えるという役割、一言でいえば、彼らを「文明化」するという神聖で崇高な使命を果たしたというわけである。したがって、フデリーアスは「黒い伝説」をスペインに敵対したヨーロッパ諸国が『報告』に依拠して捏造したまったく根拠のない反スペイン運動(キャンペーン)であると断定した。もちろん、後述するように、ヨーロッパ諸国が政治的あるいは宗教的な目的から、『報告』を利用して反スペイン運動を繰り広げたのは否定できないが、スペインによる征服・支配を通じて、無辜《むこ》の先住民が数えきれないほど生命《いのち》を奪われ、彼らの子孫が三世紀以上もの間、政治的、経済的、社会的そして文化的にも劣悪な状況に置かれて苦渋の生活を強いられてきたことも明白な歴史的事実である。また、その重い過去が「人種の坩堝《るつぼ》」と言われて久しいラテンアメリカの現在に暗い影を落としているのも否定できない。換言すれば、「黒い伝説」という用語には、スペイン人のキリスト教絶対主義と自民族中心主義、さらに言えば、ヨーロッパ中心主義が潜んでいるのである。

さて、一九世紀末のスペインで『報告』を反スペイン運動との関係で論じた有名な知識人は碩学マルセリーノ・メネンデス・ペラーヨ（一八五六〜一九一二年）であり、彼は『報告』を「途方もない妄想の産物」monstruoso delirio と断定し、『報告』は「今日までスペインという名のつくものに敵意を抱いてきたすべての国にとり格好の贈り物となった」と論じた（一八九五年）。以来、スペインでは、『報告』を根も葉もない出来事を書き綴った「恐怖のカタログ」のようにみなす傾向が主流をなし、ラス・カサスはいわゆる「黒い伝説」の主謀者とみなされ、厳しい批判に晒された。その流れはコンスタンティーノ・バイレを経て、二〇世紀後半に『ラス・カサス神父。その二重人格』*El Padre Las Casas. Su doble personalidad*（一九六三年）を著したラモン・メネンデス・ピダルで頂点に達したが、その後も『バルトロメー・デ・ラス・カサスの正体』*¿Quién era Bartolomé de Las Casas?*（一九九〇年）の著者ペドロ・ボルヘス、そして『史料が語るラス・

カサス像。黒い伝説をめぐる文献学的批判』*Las Casas, visto de costado. Crítica bibliográfica sobre la Leyenda Negra*（一九九五年）を公刊したエンリケ・ディアス・アラウホに継承された。それに対抗して、スペインでもマヌエル・ヒメネス・フェルナンデス、マヌエル・マリア・マルティネスやイサシオ・ペレス・フェルナンデスのように、『報告』など、公刊されたラス・カサスの作品のみならず、未刊文書やインディアス問題に関連する膨大な量の未刊史料の発掘およびその批判と分析を通じて、ラス・カサスの行動や思想をより客観的に評価しようとした研究者もいるが（大部分がドミニコ会士）、その主流はルイス・ハンケ（アメリカ）、ヘレン・ランド・パリシュ（アメリカ）、ベンノ・ビアマン（ドイツ）、マルセル・バタイリョン（フランス）、アンドレ・サン＝ルー（フランス）、ジョン・H・エリオット（イギリス）などに代表される外国人研究者である。

次に、『報告』と「黒い伝説」の関係について素描してみたい。表1でも明らかなように、『報告』の最初の外国語訳が出版されたのは一五七八年、恐怖政治を敷く宗主国スペインからの解放を目指して闘争を繰り広げたネーデルラントでのことである（オランダ語訳）。次いで一五八〇年、フェリペ二世の圧制に抵抗する反乱を指導し、ネーデルラントの独立を目指したオラニエ公ウィレム（ウィリアム）一世（沈黙公）が『弁明』

Apología を著し、その中で『報告』に依拠してスペイン人の征服戦争の実態を書き綴り、彼らの残虐性を厳しく糾弾し、反スペイン感情の醸成を図った。また、その一年前には、フランス人からネーデルラントにおける独立運動への支持を取り付けるため、アントワープで『報告』の最初のフランス語訳が出版され、一五八三年には、そのフランス語版からの重訳と思われる英語版がロンドンで初めて公刊された。その目的はやはりネーデルラントの独立運動を支援することにあったが、同時に、その英語訳出版の裏には、スペインの独占的なインディアス支配体制を覆し、西方世界における自国の植民活動を促進するというイギリスの意図があったのは明らかである。当時、イギリスの海賊フランシス・ドレイクがスペインの大西洋貿易の重要な拠点であったサント・ドミンゴやカルタヘーナを襲撃し、スペインの植民地支配体制に大打撃を与えていたし、一五八四年には、西方拡大運動の熱心な提唱者で熱烈なプロテスタントの愛国主義者リチャード・ハクルートがウォルター・ローリーの要請を受けて『西方植民論』*Discourse of Western Planting* を書き上げ、エリザベス女王に献じているのである。このように、とくにネーデルラントやイギリスでは、主に政治的な目的から、『報告』は反スペイン感情を醸成し、浸透させる道具として利用された。

『報告』が非寛容な宗教政策をとるスペインに対抗する目的で利用された事例として注目に値するのは、一五九八年に反カトリックの拠点フランクフルトでフランス語版(一五七九年)をもとにラテン語訳が出版されたことである。というのも、先記のハクルートと交流のあったカルヴァン派の版画家であり出版業者でもあったテオドール・ド・ブリとその子息たちが出版したそのラテン語版には、一七枚の版画が添えられ(本訳書にもほぼラテン語版と同じ箇所に掲載)、その結果、ヨーロッパの隅々まで、〈スペイン人＝残忍な国民〉というメッセージが広まったからである。すなわち、『報告』の版画入りラテン語版の公刊により、スペイン人征服者《コンキスタドール》の残虐非道ぶりがヨーロッパ中に知れ渡り、「飢えた狼のごとく残忍で貪欲なスペイン人」というイメージが定着したのである。換言すれば、それは、一六世紀末のヨーロッパにすでに、〈残忍で貪欲なスペイン人〉というイメージを受容しやすい環境が整っていたことを意味している。というのも、はるか遠方の地での出来事(スペイン人のインディアス征服)に関する言語情報(『報告』)が視覚的情報として伝えられる際、通常、その時代の人びとに訴えやすい表現形式(例えばインディオ＝裸)が用いられるからである。当時のスペインが置かれた歴史的環境や、表1が示しているように、『報告』の外国語訳が公刊される以前から、ヨーロッパでは先住民や先住民文化に関連する情報や征服戦争の経緯を克明に記した文書がわずかながらも出版されていたことを考えれば、ヨーロッパの読者が〈残忍で貪欲なスペイン人〉というイメージを受容するのは時間の問題であったと言えよう。したがって、ラテン語版『報告』に挿入された一七枚の版画はそのイメージをさらにいっそう鮮明かつ固定化するのに大きな効果があったのである。

その意味で重要なのは、ド・ブリ一族は「まだ粗雑であったこの時代の新世界イメージに一貫した強力な芸術的統一を与えた」として、美術論の立場からその業績が評価されているが、その評価が『報告』のラテン語版に挿入された版画でなく、テオドール・ド・ブリが一五九〇年から刊行を開始した浩瀚《こうかん》な大航海記集（一六三四年全巻完成）に掲載された版画を対象として下されていることである。ド・ブリは大航海記集の第四巻〜第六巻でインディアスを取り上げたが、そのとき彼が主として利用した文献は『報告』ではなく、ミラノ生まれのイタリア人ベンツォーニが著した記録文書《クロニカ》『新世界史』や、征服戦争の正当性とインディオ認識をめぐってラス・カサスと激しく対立したフェルナンデス・デ・オビエドの『インディアスの博物誌ならびに征服史』なのである（図1、2参照）。とくに、ベンツォーニは征服戦争の実態を目撃証人として記録文書《クロニカ》に書き綴った

図1　修道士を襲うインディオ（ベンツォーニ）

図2　スペイン人が不死かどうかを調べるインディオ（オビエド）

最初の外国人であり、その作品には、スペイン人の犯した数々の罪や非道な所業が、『報告』同様の厳しい非難と告発の言辞で書き綴られ、しかも、作品は一五六五年に初版が刊行されて以来、大勢の読者を獲得したのである。もっとも、図1は、ド・ブリがクマナーにおける平和的植民化計画の挫折（一五二一〜二二年）を伝えるベンツォーニの情報を視覚化したものであるが、ベンツォーニがその情報を『報告』（本文一五六頁）から得たのかどうか、換言すれば、ベンツォーニが『報告』（S版）を読んだ可能性については、残念ながら現段階では肯定も否定もできない。とはいえ、ベンツォーニがフェルナンデス・デ・オビエドやロペス・デ・ゴマラの記録《クロニカ》文書に依拠しながら筆を進めたことや、フランスのミシェル・モンテーニュが『随想録』（一五七二年以降に執筆し、八〇年に完成）を執筆するにあたり、インディアス関係の文献として主に利用したのが『報告』ではなく、ロペス・デ・ゴマラの作品であったことは確認されている。したがって、一六世紀後半、公刊された作品などを通じてインディアス情報に接したヨーロッパの知識人の間では、スペイン人征服者《コンキスタドール》の残虐非道な振る舞いは既成事実として受けとめられていたと言っても大過はないだろう。

一七世紀に入ると、『報告』は外国語訳が以前にまして数多く出版され、とりわけ、重版も含めて、オランダ語訳は二三回も出版され、そのうちの一九回は一七世紀前半に集中していた。それは、スペインからの独立と信仰の自由を求めるオランダ人がかってないほど激しく反スペイン闘争を繰り広げた時期と符合している。さらに、これも重版を含めてのことであるが、フランス語訳が八回、英語訳とイタリア語訳が四回、そして、ドイツ語訳が二回、それぞれ出版された。いうまでもなく、それらの外国語訳はスペインの独占的なインディアス支配体制を覆し、西方世界における自国の植民活動を促進するのを目的として公刊された。とりわけ注目すべきは、一六四八年、かつてのドミニコ会士トーマス・ゲージが『イギリス系アメリカ人』*The English American, his travail by sea and land or new servey of the West Indies* をロンドンで出版し、『報告』にもとづいてスペインのインディアス征服・支配の残虐非道性をことさら強調し、反スペイン、反カトリックの感情を煽りたてたことである。ゲージの作品はその後フランス語に訳されて出版され、反スペイン運動において重要な役割を担うことになる。さらに、オリバー・クロムウェル支配下のイギリスで、『失楽園』の著者ジョン・ミルトンの甥ジョン・フィリップス・ミルトンが『報告』の英語訳を出版し、クロムウェルを旧約聖書のヨシュアに譬え、彼の西方拡大政策を支持した(一六五六年)。そのとき、『報告』は『インディ

オの涙　ヒスパニョーラ島、キューバ島、ジャマイカ島……で二〇〇〇万を超える無辜《むこ》の人びとを相手にスペイン人が犯した情け容赦のない虐殺と殺戮の歴史に関する真実の報告』*The Tears of the Indians: Being An Historical and true Account Of the Cruel Massacre and Slaughters of above Twenty Millions of innocent People; Committed by the Spaniards in the Island of Hispaniola, Cuba, Jamaica ...* という、いかにも読者の涙をさそうような書名に改訳された。そのように、『報告』はスペイン以外の国々で、「哀れなインディオ」と「残酷なスペイン人」というステレオタイプ的なイメージを普及させる格好の材料として利用された。

しかし、一八世紀になると、状況は変化し、ヨーロッパにおける『報告』の外国語訳の出版は極端に少なくなった。その一因は、一八世紀、ブルボン王朝支配下のスペインがヨーロッパにおける覇権を完全に喪失し、ヨーロッパの列強諸国間に新しい勢力関係が生まれたことに求められる。その一方で、とくにドイツ、フランスやイギリスに、啓蒙主義といわれる新しい思潮が広まり、歴史に「進歩」の概念をもちこんだ啓蒙主義者たちは、スペイン人によるインディアス征服・支配が「人類史」の発展に寄与したのかどうかを議論するようになった。いうまでもなく、彼らのいう「人類史」とは特定の人種、すなわち「白人＝ヨーロッパ人」の歴史にすぎず、啓蒙主義者にとり、ヨーロッパ文明の優秀性は否定しがたく、疑問の余地がなかった。したがって、オランダの哲学者・地理学者であるコルネリウス・デ・パウのような一部の啓蒙主義者たちにとり、先住民文明を高く評価したラス・カサスは望ましくない人物であり、パウがラス・カサスを「黒人奴隷の導入者」として厳しく批判したのも当然であった。つまり、スペインの覇権が潰えた一八世紀には、もはや反スペイン運動を繰り広げる意味も必要もなくなったため、必然的に『報告』も政治的な利用価値を失った。そうして、「人類」の進歩という歴史観に照らして、ラス・カサスの行動や思想が論じられることになったが、ラス・カサスの作品がほとんど門外不出とされ、諸外国では知られることがなかったため、ラス・カサスは主として『報告』およびラス・カサスの波乱に満ちた生涯を描いた作品などにもとづいて評価されることになった。

その結果、例えば百科全書派のヴォルテールは戯曲『アルジール』*Alzire*（一七三六年）の登場人物アルバレスを通じて、またジャン・フランソワ・マルモンテルは小説『インカ人、もしくはペルー帝国の滅亡』*Les Incas ou la Destruction de l'Imperire du Pérou*（一七七七年、邦訳『インカ帝国の滅亡』湟野ゆり子訳、岩波文庫、一九九二年）にラス・カサスを実名で登場させて、それぞれ、ラス・カサスを寛容な精神と慈愛にあふれた人物、人間の正義を追い求めた理想的な英雄として描いた。そうして、一八世紀後半から一九世紀初頭にかけてロマン主義の台頭とあいまって、ラス・カサスを信じがたい勇敢さで正義の実現を目指して圧制と戦った英雄とみなす傾向がスペイン以外のヨーロッパ諸国で広まることになった。

一方、ヨーロッパ諸国からの執拗な批判と攻撃に晒された一七世紀のスペインでは、アントニオ・デ・レメサル、アグスティン・カランチャやフアン・デ・トルケマーダなど、インディアスで布教活動に従事した宣教師たちがラス・カサスの活動や思想を評価する作品を著したが、彼らは少数派にすぎず、フェルナンデス・デ・プルガール、ソロルサノ・ペレイラ、アントニオ・レオン・ピネロら、大多数の知識人はラス・カサスを厳しく非難し、スペインのインディアス支配の正当性を主張して自国の名誉を取り戻そうと数々の作品を著した。そのような傾向は一八世紀も変わることなくつづき、啓蒙主義者の中にはベニト・フェイホーのように、ラス・カサスを弁護するスペイン人もいたが、大半は「時代精神」という都合のいい概念を持ち出してインディアス征服・支配を弁護し、ラス・カサスを国の名誉を毀損した極悪人とみなす一方、自国の独占的なインディアス支配体制を脅かすイギリスやフランスの植民活動に批判を加えた。

『報告』が再び脚光を浴びたのは一八世紀後半以降のインディアスにおいてである。すなわち、フェリペ二世が『報告』の撤収を命じた時に恐れた事態が現実のものとなり、宗主国スペインからの離反(自治権獲得)や解放(独立)を求める動きがクリオーリョ社会から起きたとき、再び『報告』が政治的な目的で利用されることになった。『報告』は、インディアスから追放されたイエズス会士のひとり、クリオーリョのパブロ・ビスカルド・イ・グスマーンの有名な『アメリカ生まれのスペイン人に宛てた書簡』*Carta dirigida a los españoles americanos*(一七九二年に執筆されたが、一七九九年にロンドンにおいてフランス語で公刊)にその一部が引用されたのを嚆矢として、ホセ・マリア・ベラスケスに率いられたクリオーリョたちによるユカタンの独立を求める運動など、インディアス各地で勃発した独立を目指す運動において、その大義を正当化するのに資する文書として利用された。一九世紀初頭に『報告』が出版された場所と年度は以下のとおりである。ロンドン(一八一二年)、ボゴター(一八一三年)、カディス(一八二〇年)、フィラデルフィア(一八二一年)、グアダラハラ(メキシコ、一八二二年)、メキシコ市(一八二二年)、パリ(一八二二年)。そうして、宗主国スペインの抑圧的な政策(本国生まれのスペイン人ペニンスラーレスとの社会的差別や経済的圧迫など）に苦しめられたクリオーリョは独立をめざして反スペイン感情を醸成し、浸透させるために『報告』を利用した。歴史のアイロニーである。というのも、クリオーリョは、彼ら自身の先祖にあたる征服者《コンキスタドール》の犯した残虐非道な所業を赤裸々に書き綴り、厳しく断罪したラス・カサスの『報告』を利用して宗主国からの離反と独立の正当性を訴えたからである。換言すれば、クリオーリョたちは彼ら自身を『報告』に描かれた「おとなしい羊」、すなわち、インディオと同一視したのである。したがって、論理的に見れば、クリオーリョのそのような行動は欺瞞性に満ちたものであるが、別の言い方をすれば、それほど、『報告』には、反スペイン感情を煽る力があったということになる。事実、独立革命を指導したある人物は、「スペインを相手に戦うとき、最高の戦術は修道士バルトロメー・デ・ラス・カサスの作品を辺りかまわず流布させることである」と語ったと伝えられている。

独立達成後、ラテンアメリカでは、『報告』の政治的有効性は減少もしくは消滅したが、それに代わってアメリカ合衆国において、ラス・カサスはワシントン・アーヴィングやエドワード・ボーンら修正主義的な歴史家たちにとり無視することのできない人物となったが（参考文献 Gibson, Keen 参照）、ここでは一九世紀末に『報告』の英語訳がニューヨークで出版されたことに触れておきたい。それは、先に見たジョン・フィリップスが刊行した英語訳(一六五六年)の題名をそのまま借用し、その英語版からわずか四頁だけを抜粋したもので、残りはド・ブリの版画で埋められている。つまり、経済的利益のためにキューバを含めカリブ海の島々への進出を図る合衆国において、対スペイン戦(いわゆる一八九八年に勃発する米西戦争)の必要性と正当性を訴えるために『報告』が利用されたのである。

一方、スペインでは、すでに述べたように、とくに一九世紀後半から二〇世紀初頭にかけて、かつての「栄光あるスペイン帝国」の復権、すなわち、世界史でスペインが果たした歴史的役割を強調しようとする風潮が次第に強まり、そうして、一六〜一七世紀に書き綴られたインディアス関係の未刊文書や関連史料が相次いで公刊されることになった。『報告』を含め、『インディアス史』など、ラス・カサスの手になる未刊文書もその例外ではなく、そうして歿後三世紀余り経てようやく、実証的なラス・カサス研究への道が開かれた。とは言え、『報告』が数世紀にわたって政治的に利用されてきたことから、ラミロ・デ・マエスツやガルシア・モレンテなど、数多くの保守的な知識人はその事実の意味を問うことなく、もっぱら狭隘な愛国主義的立場から『報告』を解釈し、ラス・カサスの存在を否定しつづけた。『報告』の著者ラス・カサスは「黒い伝説」の主謀者で「売国奴」である、と。

そのような先入観はスペインのみならず、ラテンアメリカ、さらには世界中の保守的な歴史家に共通して認められ、とくにラテンアメリカでは、ラス・カサスは人種主義的な立場をとる人びとから「偽善者」とか「途方もない詐欺師」と非難された。一方、一九世紀末から二〇世紀前半にかけて、アンデス諸国を中心に、独立後も植民地時代と同様に、あるいはそれ以上に、悲惨な生活を強いられたインディオに国民としての権利を与えるために「インディヘニスモ」と呼ばれるインディオ擁護運動が起こり、それを支えたインディヘニスタたちはこぞってラス・カサスをその運動の先駆者とみなし、「アメリカの父」、「インディオの使徒」と称して顕彰した。このように、二〇世紀に入ってからも、ラス・カサスをめぐる評価は大きく二分され、ラス・カサスを一六世紀という激動の時代に位置づけ、『報告』を含む数多くの作品や関連する未刊史料を分析・批判・解釈して客観的なラス・カサス像を描出する作業、すなわちラス・カサスの歴史的価値を問いただす作業は等閑に付された。そのようないわば不毛なラス・カサス研究に新しい光を与えたのがアメリカのルイス・ハンケの『アメリカ征服の正義を求めるスペインの闘い』*The Spanish Struggle for Justice in the Conquest of America*(一九四九年、邦訳『スペインの新大陸征服』染田秀藤訳、平凡社、一九七九年)である。そしてハンケがインディアス問題にかかわる一六世紀の未刊史料を数多く渉猟して実証的なラス・カサス研究の重要性を明らかにしたのと同じように、ラス・カサスの「征服者」、「植民者」、「聖職者」としての経験を重視し、鋭い批判精神で新しいラス・カサス研究への道を示したのがフランスのマルセル・バタイリョンである(一九六〇~七〇年代)。ハンケとバタイリョンの研究はその後のラス・カサス研究に大きな影響を与え、ラス・カサスの行動や思想が歴史家のみならず文化人類学者や考古学者たちの研究対象となり、そうして、『インディアス史』や『インディアス文明誌』*Apologética Historia Sumaria* など数多くの作品の綿密な分析を通じて、ラス・カサスの政治理論、法理論、神学理論、布教論、歴史観や他者認識などが明らかにされ、ラス・カサスに関する貴重な研究が相次いで発表されるようになった。しかしそれでも、『報告』に対する評価はやはり「黒い伝説」との関係を断ち切れず、『報告』の歴史的価値、換言すれば、征服の実態を書き綴った同時代の証言(一次史料)としての価値を問い、『報告』にみるラス・カサスの告発の真意、換言すれば、告発の現代性を読み解くような具体的かつ実証的な研究はほとんど行なわれてこなかった。

四　『報告』の新しい解釈に向けて

『報告』の歴史的価値を否定し、『報告』はラス・カサスが征服《コンキスタ》の全面禁止を訴えるために事実を捏造して書きあげたきわめて悪質な政治的な文書にすぎないと主張する人たちがその理由として挙げるのはおおむね以下に挙げる四つである。〔一〕インディオの人口と征服戦争による犠牲者の数や地誌情報〈豊饒さや住みやすさなど〉にみられる誇張、〔二〕頻出する極端な二元論的表現〈〈おとなしい羊＝インディオ〉対〈残忍な狼＝スペイン人〉〉、同じ内容〈征服戦争の残虐非道な実態やインディオ奴隷の悲惨な状況〉の表現や主張〈征服＝すべての法に背馳《はいち》する悪魔の企て〉の繰りかえしと冗語法の多用、〔三〕征服者《コンキスタドール》の実名が伏されていることと、〔四〕征服《コンキスタ》に関する情報の信憑性の問題、である。以下、順を追ってそれらの理由について簡単に検討してみたい。

〔一〕『報告』がとくに厳しい批判を浴びたのは、ラス・カサスが記した征服戦争の犠牲者インディオの数である。ラス・カサスが地方ごとに挙げる死者の数を総計すると（ユカタンやフロリダなど、死者の数が記されていない地方が複数ある）、一五〇二年から四二年までの四〇年間に二五八〇万から二八八〇万のインディオが征服戦争の犠牲になり、その内訳をみると、例えば、メキシコ中央部では四〇〇万、ペルー副王領でも同じく四〇〇万が生命《いのち》を奪われたことになっている。現代の歴史人口学者の間でも征服以前の人口数については評価が大きく異なるので一概には言えないが、例えば、ある評価によれば、メキシコ中央部で征服直前の一五一九年ころから三二年までのおよそ一三年間に八五〇〇万人のインディオが、また、ペルー副王領では、一五二〇年から七〇年までの五〇年間におよそ七五〇〇万人のインディオがそれぞれ死亡したと推定されている。もちろん評価の年代や年数、それに歴史的環境も異なり、地域も正確に特定されていないので、これらの数字を単純にラス・カサスの挙げる数字と比較することはできないが、少なくともラス・カサスの数値だけがきわめて誇張されているとは言い難い。

確かにラス・カサスの挙げるインディオの死者数が他の史料と比較すると誇張気味である場合もある。例えば、メシーカ王国の征服者《コンキスタドール》エルナン・コルテスの寵臣ペドロ・デ・アルバラードがメシコ＝テノチティトランの大神殿近くで、幽閉されたモクテスマ王を慰めるために催された祭りの最中にメシーカ貴族の子息を急襲し、数多くの生命《いのち》を奪った事件に関して、ラス・カサスは死者の数を二〇〇〇名と記しているが（本文九四頁）、同時代の関係史料は四〇〇名から六〇〇名で一致している。ただし、この事件に関しては、メシーカ王国の陥落後、反コルテス派のヌニョ・デ・グスマーンが第一アウディエンシアの長官《プレシデンテ》として仇敵アルバラードを相手どって行なった執務査察裁判《フイシオ・デ・レシデンシア》の記録が現存し、それによれば、虐殺されたインディオの数は三〇〇〇人である。したがって、犯罪や常軌を逸する行動を告発する場合、誇張表現を用いるのは当時の常套手段であったと言える。

また、征服以前の人口で、ラス・カサスの挙げる数字が他の史料に比してかなり過大評価されている場合があるのも否定できない。例えばラス・カサスは征服以前のエスパニョーラ島の人口を三〇〇万と評価しているが（本文三〇頁）、当時の複数の記録によれば、また、現代の研究者の評価でも、その人口は一〇〇万を超えていない。例えば一五二九年から二、三年間、エスパニョーラ島サント・ドミンゴ市に滞在したドイツ人のニコラウス・フェーダーマンによると、「……四〇年前（コロンが到達した当時）、この島にはさまざまな言葉を喋るインディオが五〇〇万人ほど住んでいたが、いまや生き残っているのは二万人にすぎない。つまり、大多数がスペイン人の言う天然痘《ビルエラ》に罹って死んでしまったのである」。だからといって、ラス・カサスの挙げる数値がすべて「並はずれた誇張」enormización の結果だという主張は、とくに当時の数的評価が相対的にならざるをえなかったことを考慮すれば、実証性を欠くだろう。ここで注目すべきは、エスパニョーラ島の人口激減の様子を記したフェーダーマンの貴重な証言とラス・カサスの記述との違いである。本文を一読すれば分かるように、ラス・カサスはフェーダーマンと異なり、『報告』を通じて天然痘、麻疹、チフス、インフルエンザなど、インディオに免疫性のなかったヨーロッパ伝来の疫病の猖獗《しょうけつ》にはいっさい触れず、インディオの死因をすべて征服戦争とエンコミエンダ制に求めた。現在においては、疫病の流行がインディオの人口激減の最大要因であるのは否定しがたく、したがって、ラス・カサスが疫病の流行をまったく度外視したため、『報告』の歴史的価値が否定されているのかもしれない。しかし、そのような情報操作は、『報告』の執筆動機が「征服《コンキスタ》の実態」を知らせることにあったとすれば、なんら不思議ではなく、むしろ必然的な戦術であったと言えるだろう。すなわち、誇張表現で重要なのは、否定できない真実と、『報告』に頻出する単なる修辞的数値にすぎない擬似的な誇張とを明確に区別することである。

因みに、地誌情報に関して言えば、例えばラス・カサスはキューバ島を「バリャドリードからローマに至る距離に匹敵するほど大きな島」と記しているが、その評価がほぼ正確なものであるのが分かっている。したがって、ラス・カサスの地誌情報もすべてが他の同時代の記録文書《クロニカ》などと比べて並はずれて誇張されているとは言えない。

〔二〕まず、二元論的表現であるが、これもいわば誇張の一種で、数的な誇張と異なるのは質的評価と関わる点である。『報告』が征服戦争の実態を訴える、すなわち、征服戦争を告発するために慎重に作成された文書であることを考慮すれば、読者に最大の衝撃を与え、インディアス改革の緊急性を明示するような手法をとるのは当然だと言えよう。しかし、『報告』が全体を通じて一貫して恐ろしい出来事の羅列であり、極度の恐怖と戦慄を与える作品であることを考慮すれば、その表現方法が読者の関心を刺激し、惹きつける最良の方法であったとは言いがたい。告発が激越であるがために、非難された不正に責任を負う本人自身（すなわち集団としてのスペイン人）を苛立たせることになったからである。つまり、すでに見てきたように、『報告』はおよそ四世紀にわたり執拗な「黒い伝説」に悩まされつづけてきたスペイン人の愛国精神を今なおいたく刺激しつづけているのである。

しかし、だからと言って、ラス・カサスを、『報告』の印刷・刊行の結果を予測しなかったといって非難するのは感情的に過ぎる。『報告』には、ラス・カサスがスペイン人やスペインに対して抑えきれない憎悪の念や復讐心を抱いていたことを示すような表現は見当たらないからである。つまり、ラス・カサスは『報告』に恐ろしい出来事を次々と書き綴るとき、憐憫の情と嫌悪感を呼び起こそうと願ったのであり、犠牲者への哀れみや犯罪に対する憎しみや非難は決して犯罪者に対する憎悪や復讐心を示すものではない。したがって、ラス・カサスは祖国や同胞に害を加えるためにインディオをスペイン人と対照的に描いたと主張するのはもっぱら手段と目的を混同するのに等しい。というのも、『報告』は他のラス・カサスの論策同様、インディオを擁護することを目的としているからであり、虐げられた人々を守るために、不正と不正を犯す人々を告発するのは避けがたいことだからである。

つぎに、語法上の問題であるが、これは翻訳者を悩ませる点でもある。ラテン語からの借用語(例、viros = hombres, reatu = reato)やラテン語的表現(例、inmanidad = ferocidad, jacturas = perdición, perjuicio)の使用、同義語や類義語の羅列(例、perdiciones, estragos, matanzas, inhumanidades, crueldades, destrucciones, despoblaciones, robos, violencias, tiranía, servidumbres)、冗語法

（例、violar por fuerza, atormentar con diversos tormentos）や絶対最上級（例、obedientísimas y fidelísimas, paupérimas, grandísimas）の多用、同じ内容の文章や句（訳文参照）の反復が認められるため、確かに『報告』は読みづらい文書である。したがって、文体論的に言えば、欠陥が指摘されるかもしれないが、だからと言って、史料としての価値が減じるわけではない。それはラス・カサスの文体の特徴とみなすべきであり、欠点ではない。むしろ、そのおかげで、ラス・カサスは征服《コンキスタ》に関する強烈なイメージを読者の心に刻みこむことができたと言える。換言すれば、ド・ブリの版画が証明しているように、ラス・カサスの畳みかけるような特徴的な文体を通じて、読者は征服戦争についていわば共通した一つのイメージを心に描くことになるのである。つまり、その特異な表現形式により、『報告』の言語情報は強く読者に征服《コンキスタ》の実態を印象づけたとも言える。それこそ、ラス・カサスならではのレトリックである。

〔三〕これは、『報告』が同時代の他の記録文書《クロニカ》と大きく異なる点であり、『報告』の歴史的価値が否定される大きな一因でもある。一七世紀にラス・カサスを顕彰する伝記を著したアントニオ・デ・レメサルによれば、『報告』に実名が記されていないのはラス・カサスの「沈黙の思いやり」であった。以前は、ラス・カサスが印刷・刊行時に初めて実名を伏したとして、その意味が問われたが、すでに述べたように、現在では、『報告』の草稿段階から実名が記載されていなかったことが判明しているので、その議論は意味をなさない。この点で重要なのは、ラス・カサスがバリャドリードのサン・グレゴリオ神学院に大著『インディアス史』の草稿を寄贈し、没後四〇年が経過するまでその印刷・刊行を望まなかった事実である（一五五九年）。この件に関しては、さまざまな解釈が下されており、中には、ラス・カサスは『インディアス史』の中に、当時まだラス・カサスに反撃する権力を失っていない人たちが過去に犯した残虐な行為、不正、越権行為や怠慢ぶりを実名入りで詳細に書き綴ったため、彼らの批判や反論を避けるという政治的動機からその印刷・刊行を四〇年間禁止したと主張する研究者もいる。その説に従うと、内容的に『報告』は『インディアス史』以上にことさら残忍な出来事だけを書き綴った作品であるため、ラス・カサスは実名を伏すことで、批判や反論を避け、作品を広く流布させることが出来ると考えたことになる。当時の状況からすれば、たとえ実名が伏されても、少なくとも国王はじめインディアス枢機会議など関係当局の人たちなら、例えばグアテマラの無法者《ティラーノ》をペドロ・デ・アルバラード、ヌエバ・エスパーニャの無法者《ティラーノ》をエルナン・コルテス、ペルーの無法者《ティラーノ》をフランシスコ・ピサロと同定するのはさほど困難なことではなかったと考えられるので、先記の説は説得力を欠いている。したがって、「沈黙」は大きな暗示的効果をもつレトリックの一つであったと言えるかもしれないが、ラス・カサスにはそのようなレトリックを用いる必要はなかった。ラス・カサスには、征服者《コンキスタドール》を恐れる理由などなかったからである。

したがって、ラス・カサスが実名を伏したのは〔二〕の場合と同様、征服者《コンキスタドール》個人を批判することではなく、征服《コンキスタ》の実態を報告することが主な目的であったからである。『報告』と同様、一五五二年に印刷された二篇の論策、エンコミエンダ制の実態を報告し、その廃止を求めた『現存する悪の矯正』やインディオの奴隷化の実態を明らかにし、その不正を追及した『インディオの奴隷化をめぐって』においても、二、三の例を除いて、暴力的行為や非道な振る舞いに耽ったスペイン人の実名は伏されているのである。つまり、すでに指摘したように、『報告』の場合、征服《コンキスタ》は特定の個人ではなく、スペイン人全員に帰せられる集団的行為として描かれる必要があったからである。修辞法の観点から見れば、名前を伏すことで、『報告』は一連の征服《コンキスタ》に地獄さながらの出来事という普遍的な特徴を付与したとも言えるかもしれない。その意味では、『報告』は新しい形式の記録文書《クロニカ》であり、伝統的な歴史学の基準から見れば、きわめて異質な作品である。

〔四〕すでに一六一二年、先記のバルガス・マチューカは『報告』をはじめラス・カサスの作品を批判して、他人が記した報告書を利用して書きあげたものにすぎないと断言し、証言としての価値を否定していた。以後、ラス・カサスを非難する人たちは共通して『報告』を作り話と嘘で固められた文書とみなし、歴史的価値を認めようとはしなかった。S版の書名が『司教ドミニコ会士ドン・バルトロメー・デ・ラス・カサスもしくはカサウスが情報を集めて作成したいいいい……colegida、インディアスの破壊についての簡潔な報告』であることから、ラス・カサスが大量の文献を利用したことが窺える。しかし、ラス・カサスが『インディアス史』の編纂に際して利用した一次史料については研究が行なわれてきたが、残念ながら『報告』を執筆するにあたりラス・カサスが利用した文献に関しては、エスパニョーラ島のドミニコ会士が一五一八年にスペイン王室に仕えた国璽尚書ジャン・ル・ソヴァージュに宛てた書簡くらいが研究の対象にされたにすぎない。

いうまでもなく、ラス・カサスは自分が滞在したことのある土地（エスパニョーラ島、キューバ島などカリブ海地域、ニカラグアやグアテマラなど中米地域とメキシコ）に関してはまず自己の経験にもとづいて、ついで他の情報源をも利用して記述を進めたが、それ以外の土地（ティエラ・フィルメ、ペルー、ラ・プラタ、フロリダ、ベネスエラなど）については、直接的もしくは間接的に入手したか、目を通す機会をえた文献に依拠して征服《コンキスタ》の実態を書き綴った。二〇世紀後半から征服に関する膨大な資料が相次いで公刊されたおかげで、ラス・カサスの利用した文献がかなり特定できるようになった。以下に、ラス・カサスが利用した一次史料として確認、もしくは、ほぼ確認されている主なものを列挙してみる。

(1)カリブ海関係　一五一八年、エスパニョーラ島のドミニコ会士が国璽尚書ジャン・ル・ソヴァージュにあてた書簡

(2)ヌエバ・エスパーニャ、グアテマラ関係　エルナン・コルテスの『報告書簡』*Cartas de Relación*、ペドロ・デ・アルバラードの書簡、メキシコ初代司教フアン・デ・スマラガのカルロス一世あての書簡（ヌニョ・デ・グスマーンに関して）

(3)ティエラ・フィルメ関係　フェルナンデス・デ・オビエドの『インディアスの博物誌および征服史』の第一部

(4)サンタ・マルタ関係　司教フアン・フェルナンデス・デ・アングロのカルロス一世あての書簡

(5)ペルー関係　クリストバル・デ・メナの『ペルー征服史』*Conquista del Perú*（一五三四年にセビーリャで出版）、フランシスコ・デ・ヘレスの『ペルー征服正史』、エルナンド・ピサロのカルロス一世あての報告書、パナマ司教エスピノサのカルロス一世あての書簡、修道士マルコス・デ・ニサの書簡

またそれ以外にも、ラス・カサスが執務査察《フイシオ・デ・レシデンシア》裁判や民事裁判関係の法文書や親交のあった修道士たち（例えば、メキシコ司教スマラガやドミニコ会士ペドロ・デ・コルドバ）との私信を利用して記述を進めたことも分かっている。『報告』は、文章が反復的であり、記述形式が一貫して攻撃的であるため、テキスト化された情報の内容が曖昧模糊となり、その結果、全体的に言えば、記録《クロニカ》文書として正確さに欠ける印象を与えるのは否めない。しかし、例えば「ヌエバ・エスパーニャ、パヌコ、ハリスコ」の章でラス・カサスが利用した先記の文献や関係史料を綿密に分析すれば、ラス・カサスが数多くの証言で確認されている悲惨な出来事（ヌニョ・デ・グスマーンの奴隷狩り遠征）を記しているばかりか、それらの出来事の背後に潜む政治的かつ経済的動機をも的確に指摘しているのが分かる。したがって、たとえ『報告』の中に、ラス・カサスが長年の経験に照らして真実に近いと判断して書き綴ったやや主観的な情報が見受けられるとしても、『報告』は、ラス・

カサスが根も葉もないことを書き綴った「妄想の産物」ではなく、征服史研究にとっても一次史料として利用する価値のある貴重な文献であると結論づけることができる。

『報告』が歴史的な出来事を記した文書という性格から「古典」とみなされるのは当然であるが、じつは『報告』はそれ以上の作品である。ラス・カサスは『報告』を通じて、その主題である「征服戦争の残虐さ」を軸に、関連する数多くのテーマ（例えば正当戦争、布教、王権、奴隷、異文化理解、他者認識など）を随所で取り上げ、簡潔に持論を披瀝しているので、当時のラス・カサスの思想を凝縮した作品とも言える。『報告』に略述された個別のテーマに関するラス・カサスの思想（例えば、「贈与大教書」に関する解釈、正当戦争論、布教論）については参考文献に譲り、以下に『報告』の新しい読み方に関わる事柄に関して簡単に触れておきたい。

『報告』の本文（二七頁以降）を一読すれば分かるように、征服戦争に集約される「不正」に対してラス・カサスが発する告発は征服戦争の実行形態にとどまらず、スペイン国王やスペイン人がインディアスで行使しうる領有権に関わるさまざまな具体的な事柄（例えば、エンコミエンダ制、降伏勧告状《レケリミエント》、金銀や土地の収奪、インディオの奴隷化や奴隷売買など）へと拡がっている。要約すれば、インディアスにおけるスペイン人（ただし聖職者を除く）の存在のあり様自体がラス・カサスの告発の対象となっている。その脈絡からすると、一五五二年にラス・カサスがセビーリャでMs.3を印刷するにあたり追記した「皇太子フェリペへの序詞」はきわめて重要な意味を帯びてくる。

本解説の前半で、一五四六年にラス・カサスは「新法」制定・公布を契機に勃発した「ペルー内乱」の実態を知り、法にもとづく正義の実現に懐疑的になったと記したが（二五七頁）、それを裏付ける記述が『報告』の中にある。すなわち、ラス・カサスはメキシコ滞在中（一五四六年）にMs.2に以下のような文章を加筆しているのである。

とりわけペルーの諸王国では、本年、つまり、一五四六年においてもなお、かつてインディアスでも世界中でも行なわれたためしのない恐ろしい、身の毛もよだつような忌まわしい所業が犯しつづけられている。その結果、インディオはすべてか、そのほとんどが死に絶え、その土地には人影ひとつなくなってしまった。しかも、それらの恐るべき行為はインディオに対して行なわれただけではなく、神の正しい裁きにより、スペイン人同士の間でも行なわれている。つまり、インディアスでは、スペイン人を処罰すべき国王の裁きが下されたことがなかったので、裁きは天上より下され、無法者《ティラーノ》同士が互いに相手の死刑執行人役を果たすよう整えられたのである。（本文二二六頁、太字は訳者による）

「スペイン人を処罰すべき国王の裁きが下されたことがなかった」という文章は、「新法」が制定されたにもかかわらず一部が撤回され、さらにその他の条項も、植民者がその修正撤回を求めて激しい運動を繰り広げていることを知ったラス・カサスがインディアス改革（正義の実現）への期待を「法」から「神」へと移さざるを得ない状況へ追い込まれていたことを示唆していると読み取るのも可能である。しかし、そのあとつづけて、ラス・カサスが「今にいたるまで、国王でさえ、それ（スペイン人がインディオを死へと追いやっていること）を阻止することは叶わない」と記していることに注目しなければならない。ラス・カサスによれば、国王が不正を阻止できない（現在形に注意）のは、これまで国王には正確な情報がもたらされていなかったからである。したがって、文面どおりに解釈すれば、ラス・カサスがS版の『報告』を当時対インディアス政策立案の責任を負っていた皇太子フェリペに献上したのは正確な情報を伝え、征服戦争を全面的に禁止させるためであったと考えられる。それゆえ、ラス・カサスは「序詞」に、聖書まで引用し、国王たるものは正確な情報を得れば、悪を一掃する存在であると断言しているのである。

しかし、すでに見たとおり、ラス・カサスは少なくとも一五四二年にはカルロス一世に拝謁して、インディアスの実情を報告していたし、その後も繰りかえし書簡などを通じてインディアス改革の実現を訴えていた。そのような歴史的事実を考慮すれば、この「序詞」は『報告』の読み方、言い換えれば、『報告』に関する解釈を変えるほどの意味を帯びてくる。と言うのも、『報告』は一五四二年の草稿段階と異なり、一五五二年には、スペイン王室へ向けられた文書となったからである。それは、作品が単に儀礼的に、あるいは、権威づけのために、王室に捧げられたのではなく、明らかに王室がラス・カサスの告発の対象となっていることを意味するからである。そうだとすれば、ラス・カサスが歴代のカスティーリャ王の中でイサベル女王だけを称えている理由は理解できるし(本文五五頁)、インディアスの破壊が王室に多大な損失を与えたと繰りかえし記したことも異なった意味をもってくる。すなわち、王室は正義の実現に無関心であったために、経済的損失を蒙ったのだと読み直すことも可能なのである。この解釈に従えば、一五七八年以来数多く出版された大部分の外国語版で「序詞」が削除されている理由がおのずと明らかになる。なぜなら、「序詞」を付せば、印刷・刊行された『報告』はスペイン人のインディアス征服・支配の暗部を暴き立てた内部告発の書などではなく、国王に対して、法理論ではなく、数多くの実例にもとづいて、あるひとつの特定の義務、つまり征服戦争（植民地獲得戦争）を中止させるという義務を履行するよう求めた「提要」として読めてしまうからである。それは、いわゆる「黒い伝説」を流布したがっていたオランダ、イギリスやフランスなど、スペインと政治的もしくは宗教的に対立し、スペインのインディアス独占支配体制を崩して西方世界への進出をもくろむ国々にとり、都合の悪いことであった。諸外国にとっては、『報告』はあくまで内部告発の書でなければならなかったからである。

このように、一五五二年に新しく付された「序詞」は、ラス・カサスが草稿段階（一五四二年）と異なり、実情を知りつつ「諸悪」を根絶する義務を怠った国王の責任を厳しく追及する方向へ批判の目を転じたこと、別の言い方をすれば、対インディアス政策の抜本的改革に対する最後の期待を国王による正義の実現に賭けたことを示唆している。そうだとすれば、その「諸悪」、つまり、不正な征服戦争の実態を赤裸々に証言した

『報告』の本文は、一五四五年の「新法」の数カ条の撤回・修正が如実に示しているように、国王の玉虫色的な対インディアス政策、とりわけインディオ保護政策へのラス・カサスの批判が根拠に欠けていないことを、遡及的にしろ、立証する機能を果しているとも言える。しかし、その国王批判は、すでに見たとおり、ラス・カサスが一五四二年から五二年にいたる一〇年間に波瀾万丈の時代を経て到達したいわば経験にもとづく立場であり、忘れてはならないのは、一五四二年に起筆された『報告』の本文それ自体は、その厳しい告発の内容以上に、人道主義精神にもとづいて書き記された苦渋に満ちた抗議の書であるということである。いうまでもなく、『報告』はスペインという国やその国民を中傷する目的で書かれた作品ではなく、正義を求める闘いを遂行するために書かれた戦いの書である。つまるところ、『報告』は、大航海時代の幕開けからわずか半世紀後、ただひたすら虐げられた人びとの人権を守る目的で書き綴られた稀有《けう》な歴史文書なのである。

*

今回の新訳出版にあたっては、これまで同様、国の内外を問わず、数多くの研究者や友人から温かい協力をいただいた。本来なら、その名を記して感謝の意を表さなければならないところですが、あまりにもその数が多く、記せば冗漫になりますから、差し控えることにします。ただ、過去三〇年以上にわたり、訳者の研究を陰に陽に支えてくださった親友ペルー・カトリック大学名誉学長サロモン・レルネル氏 Dr. Salomón Lerner Febrés には、その名を記して、格別、感謝の気持ちを伝えることにしたい。

また、大学での業務や度重なる海外出張などで、訳業がなかなか捗らず、多大なご迷惑をかけたにもかかわらず、辛抱強く訳稿の完成を待ち、たびたび有益な助言をくださった岩波文庫編集長の入谷芳孝氏と、訳者の四〇年を超えるわがままな研究生活をじっと見守りつづけてくれた妻、惠美子をはじめ、今は独り立ちした三人の子どもたち、リサ、貴志と明佳《さやか》にも謝意を表したい。

二〇一三年五月初旬　神戸にて

染　田　秀　藤

参考文献

（欧語文献）

Adorno, Rolena

2007 *The Polemics of Possession in Spanish American Narrative*. Yale University Press, New Haven.

Arias, Santa and Eyda M. Merediz ed.

2008 *Approaches to Teaching the Writings of Bartolomé de Las Casas*. The Modern Language Association of America, New York.

Bataillon, Marcel

1965 *Études sur Bartolomé de las Casas*. Centre de Recherces de l'Institut d'Études Hispaniques, Paris.

Bataillon, Marcel y A. Saint-Lu

1976 *El padre Las Casas y la defensa de los indios*. Ariel, Esplungues de Llobregat.

Borah, Woodrow

1992 "The Historical Demography of Aboriginal and Colonial America: An Attempt at Perspective" in W. Denevan, *The Native Population of the Americas in 1492*. University of Wisconsin Press, Madison, 1992.

Borges, Pedro

1990 *¿Quién era Bartolomé de Las Casas?* Ed. Rialp, Madrid.

Brading, David A.

1991 *The First America: The Spanish Monarchy, Creole Patriots, and the Liberal State 1492-1867*. Cambridge University Press, Cambridge.

Carbia, Rómulo D.

1944 *Historia de la leyenda negra hispano-americana*. Publicaciones del Consejo de la Hispanidad, Madrid.

Castro, Daniel

2007 *Another Face of Empire. Bartolomé de Las Casas, Indigenous Rights, and Ecclesiastical Imperialism*. Duke University Press, Durham & London.

Clayton, Lawrence A.

2011 *Bartolomé de Las Casas and the Conquest of Americas.* Willey-Bakewell, West Susex.

Cortés Rojas, Ignacia

2011 *Bartolomé de las Casas y el Parecer de Yucay. El Manifiesto anónimo de los encomenderos frente a la política humanista de la Corona española del siglo XVI*. Universidad Ricardo Palma, Lima.

De Bry,Teodoro

1992 *América* (*1590–1634*). Prólogo de John H. Elliott. Edición a cargo de Gereon Sievernich. Traducción de Adán Kovacsics, Ediciones Siruela, S.A. Madrid.

De la Torre, Tomás

1985 *Diario del viaje. De Salamanca a Ciudad Real de Chiapa, 1544–1545*. Editorial OPE, Caleruega, Burgos.

Díaz Araujo, Enrique

1995 *Las Casas, visto de costado. Crítica bibliográfica sobre la Leyenda Negra*. Fundación Francisco Elías de Tejada y Erasmo Percopo, Madrid.

Durán Luzio, Juan

1992 *Bartolomé de las Casas ante la conquista de América: las voces del historiador*. Universidad Nacional, Heredia, Costa Rica.

Gibson, Charles ed.

1971 *The Black Legend: Anti-Spanish Attitudes in the Old World and the New*. Alfred・A・

Knopf, A Borzoi Book on Latin America, New York.

Hanke, Lewis

1977 *Selected Writings of Lewis Hanke on the History of Latin America*. Center for Latin American Studies, Arizona State University, Tempe, Arizona.

Huerga, Alvaro,

1998 *Fray Bartolomé de Las Casas. Vida y obras*. Alianza Editorial, Madrid. en *Obras completas*, ed. P. Castañeda Delgado (1989-1999).

Iglesias Ortega, Luis

2007 *Bartolomé de las Casas. Cuarenta y cuatro años infinitos*. Fundación José Manuel Lara, Sevilla.

Keen, Benjamin

1998 *Essays in the Intellectual History of Colonial Latin America*. Westview Press, Colorado.

Lavallé, Bernard

2009 *Bartolomé de Las Casas. Entre la espada y la cruz*. Ed. Ariel, Barcelona.

Linares Maza, Antonio

1993 *Bartolomé de Las Casas. Un andaluz en el Nuevo Mundo. Desagravio psiquiátrico al primer anticolonialista, precursor de los derechos humanos*. Editorial Arguval, Málaga.

Maltby, William S.

1982 *La Leyenda Negra en Inglaterra: Desarrollo del sentimiento antihispánico, 1558-1660*. Fondo de Cultura Económica. México.

Molina Martínez, Miguel

1991 *La leyenda negra*. NEREA, Madrid.

Parish, Helen Rand

1980 *Las Casas as a Bishop: A new interpretation based on his holograph petition in the Hans P. Kraus Collection of Hispanic American Manuscripts*. Library of Congress, Washington, D. C.

Pérez Fernández, Isacio

1981 *Inventario documentado de los escritos de Fray Bartolomé de las Casas*. Centro de Estudios de los Dominicos del Caribe, Bayamón.

1984 *Cronología documentada de los viajes, estancias y actuaciones de Fray Bartolomé de las Casas*. Centro de Estudios de los Dominicos del Caribe, Bayamón.

1995 *El anónimo de Yucay frente a Bartolomé de Las Casas: estudio y edición crítica del Parecer de Yucay, anónimo (Valle de Yucay, 16 de marzo de 1571)*, Centro de Estudios Regionales Andinos Bartolomé de Las Casas, Cuzco.

Remesal, Antonio de

1964-66 *Historia general de las Indias Occidentales, y particular de la gobernación de Chiapa y Guatemala*. Ed. Atlas, Madrid. Biblioteca de Autores Españoles CLXXV, CLXXXIX.

Saint-Lu, André ed.

1974 *Estudios sobre Fray Bartolomé de las Casas*. Universidad de Sevilla, Sevilla.

Someda, Hidefuji

2005 *Apología e Historia. Estudios sobre fray Bartolomé de Las Casas*. Fondo Editorial de la Pontificia Universidad Católica del Perú, Lima.

Valdivia Giménez, Ramón

2010 *Llamado a la Misión Pacífica. La dimensión religiosa de la liberad en Bartolomé de Las Casas*. Consejo Superior de Investigaciones Científicas. Universidad de Sevilla, Diputación de Sevilla.

Vickery, Paul S.

2006 *Bartolomé de las Casas. Great Prophet of the Americas*. Paulist Press, New York.

（邦語文献）

石原保徳

一九八〇『インディアスの発見――ラス・カサスを読む』田畑書店
一九九九『世界史への道――ヨーロッパ的世界史像再考』（後篇）、丸善
上野清士
二〇〇八『ラス・カサスへの道――五〇〇年後の〈新世界〉を歩く』新泉社
染田秀藤
一九九〇『ラス・カサス伝――新世界征服の審問者』岩波書店
一九九五『大航海時代における異文化理解と他者認識――スペイン語文書を読む』渓水社
一九九七『ラス・カサス』「人と思想」143、清水書院
二〇〇六「征服はなかった。――インカ帝国征服戦争――正戦論に対する被征服者の異議申し立て」山内進編『「正しい戦争」という思想』勁草書房、七五～一〇七頁
多木浩二
一九九一『ヨーロッパ人の描いた世界――コロンブスからクックまで』岩波書店
松森奈津子
二〇〇九『野蛮から秩序へ――インディアス問題とサラマンカ学派』名古屋大学出版会

（邦訳文献）
グスタボ・グティエレス
一九九一『神か黄金か——甦るラス・カサス』染田秀藤訳、岩波書店
フィリップ・ウェイン・パウエル
一九九五『憎悪の樹』西沢竜生・竹田篤司訳、論創社
ラインホルト・シュナイダー
一九九三『カール五世の前に立つラス・カサス』下村喜八訳、未来社
ルイス・ハンケ
一九七四『アリストテレスとアメリカ・インディアン』佐々木昭夫訳、岩波新書

（邦訳史料）
セプールベダ（フアン・ヒネース・デ・）
一九九二『征服戦争は是か非か』染田秀藤訳、岩波書店、アンソロジー「新世界の挑戦」7
ビトリア（フランシスコ・デ・）
一九九三『人類共通の法を求めて』佐々木孝訳、岩波書店、アンソロジー「新世界の挑戦」6

フェルナンデス・デ・オビエド(ゴンサロ・)
一九九四『カリブ海植民者の眼差し』染田秀藤・篠原愛人訳、岩波書店、アンソロジー「新世界の挑戦」4
マチューカ(バルガス・)
一九九四『未知の戦士とのたたかい』青木康征訳、岩波書店、アンソロジー「新世界の挑戦」12
ラス・カサス(バルトロメー・デ・)
一九八一～九二『インディアス史』長南実訳、岩波書店、大航海時代叢書第Ⅱ期全五巻
一九九五『インディオは人間か』染田秀藤訳、岩波書店、アンソロジー「新世界の挑戦」8
ロペス・デ・ゴマラ(フランシスコ・)
一九九五『拡がりゆく視圏』清水憲男訳、岩波書店、アンソロジー「新世界の挑戦」3

ラス・カサス関連年譜

一四八四年　スペイン南部アンダルシーア地方のセビーリャに生まれる(八月)。コンベルソ(ユダヤ系キリスト教徒)の血を引くと言われるが、確証はない。

一四九二年　クリストバル・コロン(コロンブス)、バハマ諸島のグアナハニ島に到達(一〇月一二日、いわゆる「新大陸到達」)。

・カトリック両王、ユダヤ教徒追放令を発布。

・アントニオ・デ・ネブリハ、『カスティーリャ語文法』を完成。

一四九三年　ラス・カサスの父ペドロ、コロンの第二次航海(九月〜一四九六年)に参加。

・ローマ教皇アレクサンデル六世、『贈与大教書』などを発布(五月三日付)。

一四九四年　コロン、ジャマイカ島を発見(五月)、のちキューバ島へ達する。

・トルデシーリャス条約の締結(九月)。

一四九七年　フランシスコ・ロルダーンの反乱(エスパニョーラ島)。

一四九八年　帰国した父ペドロよりインディオを受け取る。

・コロン、第三次航海に出る(五月〜一五〇〇年一〇月)。トリニダード島を経てベネスエラに到達。
・ヴァスコ・ダ・ガマ、インドへ到達。
一四九九年　アロンソ・ヌニョ、ベネスエラの海岸部を探検。
一五〇〇年　父とともにアルプハラス(グラナダ)のイスラム教徒(モリスコ)の反乱鎮圧に参加。
・ペロ・アルバレス・カブラル、ブラジルに達する。
・クバグアとマルガリータ島で真珠が発見される。
一五〇二年　初代総督に任命されたニコラス・デ・オバンドの一行とともにエスパニョーラ島サント・ドミンゴ市へ渡る(二月、最初のインディアス渡航。一五〇六年まで同島に滞在)。探検遠征に参加。
・コロン、第四次航海に出発、中米のベラグア地方を探検(〜一五〇四年一一月)。
一五〇三年　ハラグアー地方(エスパニョーラ島)の征服に参加。
・イサベル女王(カスティーリャ=レオン王国)、エンコミエンダ制の導入を許可(一二月)。
一五〇四年　イゲイ地方の征服に参加(〜一五〇五年)。
・イサベル女王、崩御。
一五〇五年　インディオを受領し、ハニーケで開拓事業に従事。
一五〇六年　生地セビーリャへ戻り、下級聖職位(副助祭)を受ける。のちローマで司祭に叙品されたあと、エスパニョーラ島へ戻る(〜一五〇七年、二回目のインディアス渡航、一五一二年まで同島に滞在)。

一五〇八年　フアン・ポンセ・デ・レオン、サン・フアン島(プエルト・リコ)の植民活動を開始。

一五〇九年　エスパニョーラ島総督オバンドの後任として、ディエゴ・コロンが着任。

一五一〇年　最初のミサをエスパニョーラ島で行なう。

・ペドロ・デ・コルドバを団長とするドミニコ会伝道団、エスパニョーラ島に到着。

・フアン・デ・エスキベール、ジャマイカ島の征服・植民を開始。

一五一一年　サント・ドミンゴ市(エスパニョーラ島)で、ドミニコ会士アントニオ・デ・モンテシーノス、伝道団を代表して植民者や役人を相手に、進行中の征服活動の正当性やエンコミエンダ制の合法性を問い質し、インディオの人間性を訴える説教を行なう(一一月、「インディアス論争」の始まり。「キリスト教的良心の覚醒」ともいわれる)。

・ディエゴ・ベラスケス、キューバ島の征服を開始(〜一五一四年)。

一五一二年　ディエゴ・ベラスケスの要請を受けて、パンフィロ・デ・ナルバエス軍の従軍司祭としてキューバ島征服に参加(〜一五一四年)。報酬としてハグアー近郊にエンコミエンダを受領。布教活動に従事するかたわら、植民活動(農業・鉱山業)に専念。

・ブルゴス会議の開催(スペイン国王によるインディアス支配と征服戦争の正当性お

よびエンコミエンダ制の合法性などが審議される）。

一五一三年　インディアス関係の最初の植民法典「ブルゴス法」が発布される。
・征服戦争を正当化するための布告文書（「降伏勧告状《レケリミエント》」）が作成される。
・ファン・ポンセ・デ・レオン、フロリダへ遠征。
・バスコ・ヌニェス・デ・バルボア、「南の海」（太平洋）を発見（九月）。

一五一四年　キューバ島で所有するインディオの解放を公にする（八月、いわゆる「第一回目の回心」）。
・ティエラ・フィルメの総督としてペドラリアス・ダビラ、着任。
・ロドリゴ・デ・アルブケルケ、レパルティミエントの再査定を行なう（エスパニョーラ島）。

一五一五年　インディオの窮状と救済を国王に訴えるためにキューバ島からエスパニョーラ島を経てセビーリャへ向かう。病床のフェルナンド王（アラゴン王国）に実情を報告（年末）。

一五一六年　フェルナンド王が崩御したため、新国王カルロス一世にインディアスの実情を訴えるため、ネーデルラントへ向かう。その途次、マドリードで、トレド大司教フランシスコ・ヒメネス・デ・シスネロス（フランシスコ会士）とユトレヒトのアドリアン（のちローマ教皇ハドリアヌス六世）と面会し、インディオの惨状を訴える。

シスネロスの要請を受けて、インディオ救済のための具体案を作成し（『改善策に関する覚書』*Memorial de Remedios*）、ネーデルラント行きを中止。同覚書で、黒人奴隷のインディアスへの導入を献策。シスネロスより「インディオ保護官」の肩書を与えられる。インディアスの実情調査と改革を委ねられたヒエロニムス会士たちを監督するため、エスパニョーラ島へ向かう（第三回目のインディアス渡航）。

・ペドラリアス・ダビラ、中米方面へ探検隊を派遣。

一五一七年　エスパニョーラ島におけるヒエロニムス会士の日和見的な態度に不満を抱き、実情報告のためスペインへ向かう（五月）。バリャドリードに滞在し、カルロス一世の国璽尚書ジャン・ル・ソヴァージュに『インディオの統治に関する覚書』*Memorial acerca del gobierno de los indios* を提出し、アンティール諸島の平和的植民化を訴える。

・フランシスコ・エルナンデス・デ・コルドバ、マヤ文化圏のユカタン半島へ到達。

・マルティン・ルター、宗教改革の狼煙《のろし》をあげる。

一五一八年　カルロス一世、ラス・カサスの献策を受け入れ、エスパニョーラ島における平和的植民計画の実行を許可。移住する農民を募集するが、植民地での生活保障の目処がたたず、実行を断念（〜一五一九年五月）。ひきつづき、ティエラ・フィルメでの平和的植民計画の実施にむけ奔走。同じころ、カルロス一世の御前で、アリストテレスの「自然奴隷説」をインディオに適用して、征服戦争を正当化するパナマ司教ファン・デ・ケベード(フランシスコ会士)と論争。

・エスパニョーラ島でエンリキーリョの反乱(〜一五三三年)。

一五一九年　カルロス一世、神聖ローマ皇帝に選出され、カール五世を名乗る。

・エルナン・コルテス、メキシコ征服へ(〜一五二一年)。

一五二〇年　ティエラ・フィルメでの平和的植民計画の実施が認可される(五月)。移住農民をつれてセビーリャを出港、サン・フワン島へ(第四回目のインディアス渡航)。

・「コムネロスの反乱」(カスティーリャ)、「ヘルマニーエスの反乱」(アラゴン)。

一五二一年　サン・フアン島からエスパニョーラ島サント・ドミンゴ市へ移り、その後、平和的植民計画を実施すべくクマナー地方へ渡る(南アメリカ東北端)。計画は植民者の敵意や計画実施地で征服《コンキスタドール》者が奴隷狩りを行なったことでインディオが武装蜂起したため、失敗に終わる(一五二二年)。

・メシコ・テノチティトラン、エルナン・コルテス軍に降伏(八月、アステカ王国の滅亡)。

一五二二年　クマナーにおける平和的植民計画の挫折を契機に、サント・ドミンゴ市でドミニコ会に入会、その後誓願をたてて修道司祭となる(一五二三年、「第二回目の回心」)。

・オスマン帝国軍、ロードス島を攻略。

・エルナン・コルテスの『報告書簡』のうち、第一書簡がセビーリャで刊行される(以後、フランス語訳、ラテン語訳、ドイツ語訳が相次いで一六世紀前半に出版される)。

一五二三年　サント・ドミンゴ市のドミニコ会修道院で瞑想と読書の日々を送る(〜一五二六年まで)。

・パヌコ地方(メキシコ)のインディオが武装蜂起。

・エルナン・コルテスの『報告書簡』のうち、第三書簡がセビーリャにて出版される(以後、フランス語訳、ラテン語訳、ドイツ語訳が相次いで一六世紀前半に公刊される)。

一五二四年　マヤのキチェー人、武装蜂起。

・マルティン・デ・バレンシア率いる一二名のフランシスコ会士(「一二名の使徒《ドセ・アポストレス》」)ベラクルス(メキシコ)に到着。

・インディアス関係業務を管掌する国王直属の会議(インディアス枢機会議)が創設される。

・ドイツで農民戦争勃発。

一五二六年　エスパニョーラ島北岸プエルト・デ・プラタに新しく建設されたドミニコ会修道

院の院長として赴任(〜一五三二年まで滞在)。このころから、インディアスの発見・征服や先住民文化に関するいわば「インディアス誌」の執筆活動を開始。

・フェルナンデス・デ・オビエドの『インディアス博物誌要略』が出版される(トレド)。

・カルロス一世とフランス王フランソワ一世の間でマドリード条約が締結される(ハプスブルク王家とヴァロア王家の対立は以後一五五〇年代後半まで、休戦と対立を繰りかえす)。

一五二七年　ローマ劫掠(サッコ・ディ・ローマ)。

一五二八年　メキシコ市に第一アウディエンシアが設置される(長官はベルトラーン・ヌニョ・デ・グスマーン)。

・ドイツのヴェルザー商会、ベネスエラの植民権を獲得。

・カベサ・デ・バカ、テキサス海岸部から西へ向かう(一五三六年、メキシコ市着)。

一五二九年　ドイツ人アルフィンヘル、ベネスエラの内陸部を探検。

・オスマン帝国軍、バレンシアを攻撃。

一五三〇年　メキシコ市に第二アウディエンシアが設置される。

・フランシスコ会士ファン・デ・スマラガ、初代メキシコ司教として着任。

・インディオの奴隷化全面禁止令が発布される。

一五三一年　エンコミエンダ制と征服戦争を弾劾する書簡をインディアス枢機会議あてに送付。
・ドイツの新教徒諸侯、シュマルカンデン同盟を締結（～一五四七年）。
一五三二年　サント・ドミンゴ市へ移る。植民地官吏や植民者と激しく対立。
・フランシスコ・ピサロ、カハマルカでインカ皇帝アタワルパを幽閉（一一月）。
・オスマン帝国軍、ウィーン攻略（失敗）。
一五三三年　武装蜂起したエンリキーリョを平和的に帰順させるのに成功。
・フランシスコ・ピサロ、インカ帝国の都クスコを占拠。
一五三四年　このころ、ラテン語で平和的布教を論じた『すべての人々を真の宗教へ導く唯一の方法』*De unico vocationis modo* … を執筆。ペルー司教に叙品されたトマス・デ・ベルランガら、ドミニコ会士たちとペルーへ向かう。
・フランスのジャック・カルティエ、セント・ローレンス川へ向かう（カナダ探検）。
・条件付きでインディオの奴隷化が許可される。
・ロペス・デ・ヘレスの『ペルー征服正史』が出版される（セビーリャ）。
パナマを経てペルーへ向かうが、凪《なぎ》状態に遭遇し、ニカラグアへ。
一五三五年　・ヌエバ・エスパーニャ初代副王《ビレイ》アントニオ・デ・メンドーサ、メキシコ市に着任。
・ユカタン地方で五名のフランシスコ会士（ハコボ・デ・テステラら）が布教活動を開始。

・フランシスコ・ピサロ、「諸王の都」リマ市を建設。
・フェルナンデス・デ・オビエドの『インディアス博物誌ならびに征服史』の第一部が出版される(セビーリャ)。
・カルロス一世、チュニュスを包囲。

一五三六年

ニカラグア総督の軍事遠征に反対し、植民者や植民地官吏と対立を深め、グアテマラを経由してメキシコへ向かう。
・クスコでマンコ・インカが武装蜂起(五月～一五七二年までつづく「インカの反乱」の始まり)。
・メキシコ市トラテロルコに、フランシスコ会士たち(ベルナルディーノ・サアグンら)が先住民司祭の養成などを目的としたサンタ・クルス神学院を開設。
・メキシコでユートピア思想の実現を目指したバスコ・デ・キローガ、ミチョアカン司教に叙品される。

一五三七年

グアテマラ司教代理として管轄区を巡察。平和的改宗化計画(のちに「ベラパス布教計画」と呼ばれる)を実施するためテスルトゥラン地方へ向かう。
・ローマ教皇パウルス三世、大教書「スブリミス・デウス」を発布し、インディオを自由な人間であると宣言し、彼らの奴隷化を非難し、平和的改宗化を訴える(六月)。
・ヒメネス・デ・ケサーダ、チブチャ王国(コロンビア)を征服。

・オスマン帝国軍、イタリアのアプリアを攻撃。

一五三八年　テスルトゥラン地方の布教活動(ベラパス布教計画)に着手。成果を見届けたあと、管区会議に出席するため、メキシコ市へ向かう。メキシコ司教スマラガと面会、伝道師の募集・派遣と対インディアス政策の抜本的改革の実現を目指してスペインへ帰ることを決意。

・ペルーで征服者《コンキスタドール》同士の対立が激化(「内乱」状態へ発展)。

一五三九年　サンティアゴ市(グアテマラ)へ戻るため、メキシコ市からオアハカへ向かう。

・フランシスコ・デ・ビトリア、サラマンカ大学で神学特別講義を行なう(一月「インディオについて」、六月「戦争法について」)。

一五四〇年　ベラパス布教計画を推進するのに必要な伝道師の募集とインディアス改革を訴えるためにスペインへ帰国(六月)。

・メキシコ北部サカテカス地方でフランシスコ・テナマストレを中心にインディオの反乱が勃発(ミシュトン戦争、～一五四二年)。

・ペドロ・デ・バルディビア、チリへ遠征。

・バスケス・デ・コロナド、現アメリカ合衆国南西部を探検(～一五四二年)。

一五四一年　インディアス枢機会議員の腐敗を糾弾する「覚書」を提出。

・ゴンサロ・ピサロ、アマゾン川流域を探検。

・エルナンド・デ・ソト、ミシシッピー川に達する(翌年戦死)。
・フランシスコ・ピサロ、アルマグロ派にリマで暗殺される(「ペルー内乱」へ発展)。
・フランスのジャック・カルティエ、北米探検。
・オスマン帝国軍、ハンガリーを制圧。

一五四二年　カルロス一世に謁見。バリャドリードで特別審議会に参加し、『インディアスの破壊についての簡潔な報告』の草稿となるテキストを読み上げる。エンコミエンダ制の即時撤廃を求めるために論策『現存する悪の矯正』*Entre los remedios*(別名『八番目の改善策』*Octavo remedio*)を提出。
・「インディアス新法」が制定される(翌年六月、六カ条が補足され、七月に公布)
・フランシスコ・デ・オレリャナ、アマゾン川を探検。
・グラシアス・ア・ディオスおよびリマにアウディエンシアが設置される。

一五四三年　チアパス司教に推挙される。

一五四四年　チアパス司教として司教区に向けてセビーリャを出港(第五回目のインディアス渡航)。
・ペルーでゴンサロ・ピサロ麾下《きか》、エンコメンデロの反乱が激化。
・ペルー副王領が新設され、初代副王《ビレイ》としてブラスコ・ヌニェス・ベラが着任。
・ヌエバ・エスパーニャより植民者代表が「新法」の修正・撤回を求めてスペインへ

向かう。

・インディアス各地で「新法」反対運動が激化。

一五四五年　司教区の中心シウダー・レアル・デ・チアパスに到着。「新法」をめぐり植民者や植民地当局と激しく対立。

・セプールベダ、『第二のデモクラテス』を執筆し、印刷出版を要請。

・カルロス一世、「新法」の第三〇条（エンコミエンダ制段階的撤廃条項）などを撤回・修正（一〇月二〇日）。

・ポトシー（現ボリビア）で銀鉱山が発見される。

・トリエント宗教会議（～一五六三年）。

一五四六年　メキシコ市で開催された司教会議に出席するため司教区を去る（三月）。同地で、インディオ奴隷の問題を審議する聖職者会議を主宰。スペイン人植民者の賠償義務を訴えた『聴罪規定』を執筆し、その実行を修道司祭に託す。

・ゴンサロ・ピサロ、ペルー副王《ビレイ》ヌニェス・ベラを殺害（一月。アニャキトの戦い）。

一五四七年　ベラパスの布教計画の拡大とインディアス改革のさらなる前進を訴えるため、ベラクルスからスペインへ向けて出港（三月。インディアスからの最後の航海となる）。帰途、リスボンのドミニコ会修道院に逗留中、ポルトガル人による黒人奴隷獲得の実態を知り、悔悛（「第三回目の回心」）。セプールベダの作品の出版阻止に乗り出す。

一五四八年　『聴罪規定』に対する批判に応えて『三〇の法的命題集』*Treinta proposiciones muy jurídicas ...* を著すが、当局よりヌエバ・エスパーニャのアウディエンシアあてに撤収令が出される(一一月)。反セプールベダ運動とインディアスへの伝道師(ドミニコ会士)派遣活動をつづける。インディオ奴隷の問題を論じた『インディオの奴隷化をめぐって』*Tratado sobre la materia de los indios que se han hecho en ellas esclavos* を著す。

・ペドロ・デ・ラ・ガスカ、国王の命令を受けて「ペルー内乱」の鎮圧に向かい、ゴンサロ・ピサロを処刑(ハキハワナの戦い)。

・セプールベダの『第二のデモクラテス』の印刷要請が却下される(七月)。

一五四九年　ドミニコ会士ルイス・カンセル、フロリダで平和的改宗化計画を実行するが殺害される。

・セプールベダ、『第二のデモクラテス』を弁じる『弁明論』を執筆(翌年五月、ローマで出版)。

一五五〇年　チアパス司教を辞す。セプールベダの『弁明論』に対抗して『新世界の住民を弁ずる書』*Adversus persecutores et calumniatores novi orbis ad occeanum reperti* を著す。また、『三〇の法的命題集』の各命題を論証するため『カスティーリャ・レオン国王のインディアス支配権論』*Tratado comprobatorio del imperio soberano e principado universal que los reyes de Castilla y León tienen sobre las Indias* を執筆。バリャドリード会議でセプールベダと論戦(八月〜九月)。一五五一年四月〜六月)。セプールベダの反論に対して『一二の弁駁』*Doce Réplicas* を著す。王権やインディオの財産所有権を論じた『王権とインディオの権利について』*Principia quaedam ex quibus procedendum est in disputatione ad manifestandam et defedendam iustitione indorum* を執筆。エンコミエンダ制の恒久化をめぐる審議会に参加、エンコミエンダ制の撤廃を訴える。

・カルロス一世、征服一時停止令を発布(四月)。

一五五一年　バリャドリードからマドリードへ移り、新設のサン・ビセンテ・デ・チアパス司教区への伝道師の募集・派遣に奔走。

・メキシコ市およびリマに大学設置令。

一五五二年　セビーリャのドミニコ会サン・パブロ修道院に滞在。伝道師の募集・派遣に従事しながら、以下の論策八篇を印刷に付す。

(1)『現存する悪の矯正』(八月中旬)

(2)『論戦概要』…ドミンゴ・デ・ソトによるバリャドリード論戦の要約にセプールベダの『異論』とラス・カサスの『一二の弁駁』を加えた作品(九月初旬)

(3)『インディオの奴隷化をめぐって』(九月中旬)
(4)『聴罪規範』(九月下旬)
(5)『三〇の法的命題集』(一〇月初旬)
(6)『王権とインディオの権利について』(一〇月下旬)
(7)『インディアスの破壊についての簡潔な報告』(一一月下旬)
(8)『カスティーリャ・レオン国王のインディアス支配権論』(一五五三年一月初旬)
・ロペス・デ・ゴマラの『インディアス発見・征服史』出版される(サラゴサ)。
・シエサ・デ・レオンの『ペルー誌第一部』出版される(セビーリャ)。
・ペドロ・デ・バルディビア、チリのアラウコ(マプーチェ)人との戦いで殺される。

一五五三年　バリャドリードへ戻り、サン・グレゴリオ神学院に滞在(〜一五五九年)。
・クスコでエルナンデス・デ・ヒローンの反乱。

一五五四年　「インディアス誌」の執筆活動をつづける。メキシコのインディオより宮廷における代理人に任命される。
・ペルーのエンコメンデロ、民事・刑事裁判権を含むエンコミエンダ制の世襲相続(恒久化)を求めて八〇〇万ペソの献金をカルロス一世に申し出る。皇太子フェリペ、問題を審議すべくロンドン会議を開催。
・フランシスコ・デ・イバラ、メキシコ北部を探検。

・メキシコ市参事会、セプールベダ支持を決定。

一五五五年　長年書きつづけた浩瀚《こうかん》な「インディアス誌」の執筆と編纂。スペインへ身柄を送還されたカシーケのフランシスコ・テナマストレ（メキシコ、ミシュトン戦争の指導者）と出会い、彼の弁護に尽力する。

・フランス、ブラジルへ植民団を派遣。

・ハバナ、フランスの海賊ジャック・ソルに略奪される。

・アウグスブルクの宗教和議（キリスト教世界の再統一ならず）。

一五五六年　エンコミエンダ制の恒久化をもくろむペルーの植民者に対抗する運動を展開。国王によるエンコミエンダ制恒久化は臣下（インディオ）を売却するに等しいと論じる『譲渡不能な王室財産と公職売買の不正について』*De non alienandis opibus, a regia Corona, nec vendendis publicis officiis* を執筆。「インディアス誌」を『インディアス史』と『インディアス文明誌』に二分し、『インディアス史』の編纂に心血を注ぐ（一五六三年まで）。

・カルロス一世、退位し、スペイン国王にフェリペ（二世）が即位。

・フェリペ二世、ペルーのエンコミエンダ制の恒久化を決定、その実施のための調査団の派遣を決定。

・インディアス関係文書に検閲制度が適用される。

一五五七年　フェリペ二世のエンコミエンダ売却決定(ペルー)に対し敢然と反対運動を展開。
・フランシスコ・ファファルド、ベネスエラ沿岸を探検。
一五五八年　このころ『インディアス文明誌』はほぼ完成し、『インディアス史』の編纂に従事。
・カルロス一世、崩御。
・グアテマラのラカンドン地方への征服戦争が許可される。
一五五九年　『インディアス史』など、自作の手稿をサン・グレゴリオ神学院に寄贈、四〇年間門外不出とする旨を条件とする。エンコミエンダ制の恒久化に反対するペルーのカシーケたちより、同僚のドミンゴ・デ・サント・トマスとともに全権を委任される。トレドに移り、異端の嫌疑をかけられた旧友ドミニコ会士バルトロメー・カランサ・デ・ミランダの弁護に従事(〜一五六二年)。
一五六〇年　国王ならびにインディアス枢機会議に、ペルーのエンコミエンダ制恒久化決定の撤回を要求、八〇〇万ペソを上回る献金を申し出る。
・ティトゥ・クシ・ユパンキ、ビルカバンバで「インカの反乱」を引き継ぐ。
・ファン・デ・カバリョン、コスタ・リカを征服。
一五六一年　マドリードへ移り、ヌエストラ・セニョーラ・デ・アトチャ修道院に逗留(〜他界するまで)。メキシコで平和的改宗化計画の実施を試みるアロンソ・デ・ソリタを支援する運動に従事。
・ロペ・デ・アギーレ、アマゾン川探検中に謀反《むほん》を起こすが失敗。
・メキシコ市参事会、ラス・カサスの『報告』の撤収を求める。

一五六二年　スペイン国王のペルー支配の正当性を否定し、インディオの正当防衛権を弁じ、スペイン人の賠償義務を訴える理論的な論策『ペルー財宝論』*De thesauris qui reperiuntur in sepulchris indorum*(略して『財宝論』)をラテン語で執筆。従来の説を修正し、インディオは改宗しても、キリスト教君主であるスペイン国王に服従する義務はないと説く。
・フェリペ二世、ペルーのエンコミエンダ制の恒久化中止を決定。
・フランスのジャン・リボー、第一次フロリダ遠征へ。
・ユカタンで、ディエゴ・デ・ランダ、偶像破壊運動を展開(マニの焚書)。

一五六三年　このころインディオの主権と財産所有権を論じた理論的著作『王権論』*De regia potestate* を執筆(没後、フランクフルトで出版)。

一五六四年　スペイン人の賠償義務に関するペルーのドミニコ会士の疑問に答えるべく『一二の疑問に答える』*Tratado de Doce Dudas* を著し、スペイン国王はインカ王ティトゥ・クシへ支配権を返却すべきと説く。遺言書とその付属書を執筆し、自著を四〇年間門外不出とすることを再度要請。

・ミゲル・ロペス・デ・レガスピ、フィリピン群島へ向かう(～一五六五年)。

一五六五年　ジロラモ・ベンツォーニの『新世界史』出版される(ヴェネチア)。
・マラベール・デ・シルバ、エル・ドラードを探検(～一五七六年)。

一五六六年　新ローマ教皇ピウス五世に書簡を送り、インディオを野蛮で、キリスト教を受け入れる能力に欠けると主張する人々を破門に処すよう求める。七月一八日、帰天。
・ネーデルラントでスペイン支配に対する反乱勃発(オラニエ侯ウィレム一世)。

インディアスの破壊《はかい》についての簡潔《かんけつ》な報告《ほうこく》
ラス・カサス著

1976年 6 月 25 日　第1刷発行
2013年 8 月 20 日　改版第1刷発行
2025年 10 月 24 日　第8刷発行

訳　者　染田秀藤《そめだひでふじ》

発行者　坂本政謙

発行所　株式会社 岩波書店
〒101-8002 東京都千代田区一ツ橋 2-5-5

案内 03-5210-4000　営業部 03-5210-4111
文庫編集部 03-5210-4051
https://www.iwanami.co.jp/

印刷 製本・法令印刷　カバー・精興社

ISBN 978-4-00-358001-1　　Printed in Japan

読書子に寄す

―岩波文庫発刊に際して―

岩　波　茂　雄

　真理は万人によって求められることを自ら欲し、芸術は万人によって愛されることを自ら望む。かつては民を愚昧ならしめるために学芸が最も狭き堂宇に閉鎖されたことがあった。今や知識と美とを特権階級の独占より奪い返すことはつねに進取的なる民衆の切実なる要求である。岩波文庫はこの要求に応じそれに励まされて生まれた。それは生命ある不朽の書を少数者の書斎と研究室とより解放して街頭にくまなく立たしめ民衆に伍せしめるであろう。近時大量生産予約出版の流行を見る。その広告宣伝の狂態はしばらくおくも、後代にのこすと誇称する全集がその編集に万全の用意をなしたるか。千古の典籍の翻訳企図に敬虔の態度を欠かざりしか。さらに分売を許さず読者を繋縛して数十冊を強うるがごとき、はたしてその揚言する学芸解放のゆえんなりや。吾人は天下の名士の声に和してこれを推挙するに躊躇するものである。このときにあたって、岩波書店は自己の責務のいよいよ重大なるを思い、従来の方針の徹底を期するため、すでに十数年以前より志して来た計画を慎重審議この際断然実行することにした。吾人は範をかのレクラム文庫にとり、古今東西にわたって文芸・哲学・社会科学・自然科学等種類のいかんを問わず、いやしくも万人の必読すべき真に古典的価値ある書をきわめて簡易なる形式において逐次刊行し、あらゆる人間に須要なる生活向上の資料、生活批判の原理を提供せんと欲する。この文庫は予約出版の方法を排したるがゆえに、読者は自己の欲する時に自己の欲する書物を各個に自由に選択することができる。携帯に便にして価格の低きを最主とするがゆえに、外観を顧みざるも内容に至っては厳選最も力を尽くし、従来の岩波出版物の特色をますます発揮せしめようとする。この計画たるや世間の一時の投機的なるものと異なり、永遠の事業として吾人は微力を傾倒し、あらゆる犠牲を忍んで今後永久に継続発展せしめ、もって文庫の使命を遺憾なく果たさしめることを期する。芸術を愛し知識を求むる士の自ら進んでこの挙に参加し、希望と忠言とを寄せられることは吾人の熱望するところである。その性質上経済的には最も困難多きこの事業にあえて当たらんとする吾人の志を諒として、その達成のため世の読書子とのうるわしき共同を期待する。

昭和二年七月

《歴史・地理》〔青〕

新訂 魏志倭人伝・後漢書倭伝・宋書倭国伝・隋書倭国伝 —中国正史日本伝1　石原道博編訳
新訂 旧唐書倭国日本伝・宋史日本伝・元史日本伝 —中国正史日本伝2　石原道博編訳
ヘロドトス 歴史 全三冊　松平千秋訳
トゥーキュディデース 戦史 全三冊　久保正彰訳
ガリア戦記　カエサル 近山金次訳
タキトゥス 年代記 —ティベリウス帝からネロ帝へ 全二冊　国原吉之助訳
ランケ 世界史概観 —近世史の諸時代　鈴木成高 相原信作訳
ランケ自伝　林健太郎訳
古代への情熱 —シュリーマン自伝　シュリーマン 村田数之亮訳
大君の都 —幕末日本滞在記 全三冊　オールコック 山口光朔訳
アーネスト・サトウ 一外交官の見た明治維新 全二冊　坂田精一訳
ベルツの日記 全二冊　トク・ベルツ編 菅沼竜太郎訳
武家の女性　山川菊栄
インディアスの破壊についての簡潔な報告　ラス・カサス 染田秀藤訳
ラス・カサス インディアス史 全七冊　長南実訳 石原保徳編
インディアスの破壊をめぐる賠償義務論 —十二の疑問に答える　ラス・カサス 染田秀藤訳

コロンブス 全航海の報告　林屋永吉訳
大森貝塚 —付 関連史料　E・S・モース 近藤義郎 佐原真編訳
ナポレオン言行録　オクターヴ・オブリ編 大塚幸男訳
中世的世界の形成　石母田正
日本の古代国家　石母田正
平家物語 他六篇　石母田正 高橋昌明編
クリオの顔 歴史随想集　E・H・ノーマン 大窪愿二編訳
ローマ皇帝伝 全二冊　スエトニウス 国原吉之助訳
アリランの歌 —ある朝鮮人革命家の生涯　ニム・ウェールズ キム・サン 松平いを子訳
老松堂日本行録 —朝鮮使節の見た中世日本　宋希璟 村井章介校注
十八世紀パリ生活誌 —タブロー・ド・パリ 全二冊　メルシエ 原宏編訳
ヨーロッパ文化と日本文化　ルイス・フロイス 岡田章雄訳注
ギリシア案内記 全二冊　パウサニアス 馬場恵二訳
オデュッセウスの世界　フィンリー 下田立行訳
東京に暮す —一九二八～一九三六　キャサリン・サンソム 大久保美春訳
ミカド —日本の内なる力　W・E・グリフィス 亀井俊介訳
増補 幕末百話　篠田鉱造

幕末明治 女百話 全二冊　篠田鉱造
日本中世の村落　清水三男 大山喬平 馬田綾子校注
トゥバ紀行　メンヒェン＝ヘルフェン 田中克彦訳
徳川時代の宗教　R・N・ベラー 池田昭訳
ある出稼石工の回想　マルタン・ナド 喜安朗訳
革命的群衆　G・ルフェーヴル 二宮宏之訳
植物巡礼 —プラント・ハンターの回想　F・キングドン－ウォード 塚谷裕一訳
日本滞在日記 —一八〇四－一八〇五　レザーノフ 大島幹雄訳
モンゴルの歴史と文化　ハイシッヒ 田中克彦訳
歴史序説 全四冊　イブン＝ハルドゥーン 森本公誠訳
ダンピア 最新世界周航記 全二冊　平野敬一訳
元治夢物語 —幕末同時代史　馬場文英 徳田武校注
徳川制度 全三冊・補遺　加藤貴校注
第二のデモクラテス 戦争の正当原因についての対話　セプールベダ 染田秀藤訳
ユグルタ戦争 カティリーナの陰謀　サルスティウス 栗田伸子訳
史的システムとしての資本主義　ウォーラーステイン 川北稔訳
中世荘園の様相　網野善彦

日本中世の非農業民と天皇 全二冊

網野善彦

岩波文庫の最新刊

ラフカディオ・ハーン著／平井呈一訳
東の国から
―新しい日本における幻想と研究―

旅の途上、夢のあわいに浦島伝説の世界へと入りこんだような「夏の日の夢」他、〈詩人の直観と哲人の思索〉により近代日本の肖像を描く十一篇。（解説＝西成彦）
〔赤二四四-六〕 **定価一二七六円**

泉鏡花作
夜叉ケ池・天守物語

時代を越えて「今」もなお甦り続ける鏡花の傑作戯曲二篇を収録。文字を読みやすくし、新たな解説を加えた。（解説＝澁澤龍彦・吉田昌志）
〔緑二七-三〕 **定価五七二円**

プラトン著／岩田靖夫訳
パイドン
―魂の不死について―

刑死の当日、ソクラテスは弟子たちと「魂の不死」の探究に挑む。イデア論の可能性を切り開くプラトン哲学の代表的対話篇。改版。（解説＝岩田靖夫・篠澤和久）
〔青六〇二-二〕 **定価九三五円**

……今月の重版再開……

飯島虚心著／鈴木重三校注
葛飾北斎伝
定価一四三〇円
〔青五六二-一〕

A・ハミルトン、J・ジェイ、J・マディソン著／斎藤眞、中野勝郎訳
ザ・フェデラリスト
定価一二七六円
〔白二四-一〕

定価は消費税 10％ 込です　　2025. 9

岩波文庫の最新刊

栃木孝惟校注

保元物語

平安末期の王権をめぐる骨肉の争い。禁忌の事実は秘しながらも、物語の名のもと、歴史の真実と人間存在の機微を深く見すえる。新校注版。

〔黄一〇八-一〕　**定価一三五三円**

クライスト作／大宮勘一郎訳

ペンテジレーア

戦の中でのみ愛を許されたアマツォーネの女王ペンテジレーアは、英雄アキレスと激突する。すれ違う思いから二人は破滅へと向かってゆく。新訳。

〔赤四一六-二〕　**定価一〇〇一円**

ルイ・ハーツ著／西崎文子訳

アメリカにおけるリベラルな伝統

封建制や貴族階級のない「リベラルな社会」として出発したアメリカ。そのリベラリズムがイデオロギーとして君臨する逆説を、建国以来の歩みに探る古典的名著。

〔白三八-一〕　**定価一六五〇円**

太宰 治作／安藤 宏編

ヴィヨンの妻・桜桃 他九篇

表題作他「冬の花火」「薄明」「トカトントン」「家庭の幸福」など、昭和二一―二三年、作家の最晩年に発表された一一篇を収録。(注・解説＝安藤宏)

〔緑九〇-一三〕　**定価一一〇〇円**

……今月の重版再開……

トーマス・マン作／関 泰祐・関 楠生訳

ファウスト博士(上)(中)(下)

〔赤四三四-四～六〕　**定価(上)(中)一一五五、(下)一一〇〇円**